携程机票服务部　著

客服新人
职场成长记

上海交通大学出版社
SHANGHAI JIAO TONG UNIVERSITY PRESS

内容提要

本书的主要内容是由携程心理组顾问以呼叫中心行业为背景，结合心理学知识与资深客服人实际职场经验编撰而成。全书共 12 讲，介绍了客服职场新人如何建立职业认知、修炼客服基本功、提升业务学习技巧、处理职场人际关系，分享了客服日常工作中的情绪与压力管理、与客户沟通的技巧、绩效管理与提升的方法、职业发展规划等方面的内容。

本书适合服务行业从业人员使用，可作为呼叫中心的入职培训教材，也适合相关岗位的人员参考。

图书在版编目(CIP)数据

客服新人职场成长记/ 携程机票服务部著. —上海：
上海交通大学出版社,2021.11
　　ISBN 978－7－313－25727－7

Ⅰ.①客…　Ⅱ.①携…　Ⅲ.①企业管理－销售管理－
商业服务　Ⅳ.①F274

中国版本图书馆 CIP 数据核字(2021)第 222192 号

客服新人职场成长记
KEFU XINREN ZHICHANG CHENGZHANGJI

著　　者：携程机票服务部
出版发行：上海交通大学出版社　　　　地　　址：上海市番禺路 951 号
邮政编码：200030　　　　　　　　　　电　　话：021－64071208
印　　制：苏州市越洋印刷有限公司　　经　　销：全国新华书店
开　　本：787 mm×1092 mm　1/32　印　　张：8.125
字　　数：135 千字　　　　　　　　　印　　数：1—3000
版　　次：2021 年 11 月第 1 版　　　　印　　次：2021 年 11 月第 1 次印刷
书　　号：ISBN 978－7－313－25727－7
定　　价：48.00 元

序　一

　　携程客服中心的朋友们总结工作中的经验和体会写了这本《客服新人职场成长记》，一共十二个主题章节，由一名客服新人李点点的职场故事与职业困惑引入，结合资深客服职场人的经验，融入了积极心理学、认知心理学、循证治疗等领域的研究成果，逐一分享了应对这些职业困惑的科学思路与方法。这本书的初稿打印出来放在案头，我反复读了一个月。欣喜和感叹之余，欣然为新书作序。

　　客服是一个入门的"技术"，门槛很低，但熟练掌握其"艺术"却又很难的岗位。同样，客服职场是一个泛社会化的领域，从"人人为我，我为人人"的社会服务文化的角度来看，似乎我们每一个"社会人"本身就同时兼具了客服的通用属性。也正是因为如此，客服文化的建设是一个全社会的共识。所以，这本书的基调是"人之常情"，但是对于专业的客服人来说，又非常具有场景感和实用性的意义。作为一本全面的客服新人成长指南，通过阅读本书可以帮助有意从事或刚刚从事客服工作的职场新人，建立积极的职业心态，科学应对客服职业成长中的各类问题，发展所需的各项职业能力。此外，本书也可以作为客户中心新人管理的实务手册，帮助中基层管理人员了解新人客服成长中的常见痛点，通过科学辅导助力其快速成长。

"客服"作为一个典型的人力密集型工作岗位，"客服人"长年从事着情绪化的职业劳动；在智能化和数字化的时代大背景下，对人性的把握显得尤为重要。一个经典的玩笑是这样说的："20 年前，我们的目标是把人训练得和机器一样标准；20 年后，我们的目标是把机器训练得像人一样通人性。"数智化时代，人机耦合的工作方式将长期主导客服行业，因此，对心理的研究和人性的挖掘也将越来越得到重视。

还记得 2003 年第一次走进携程呼叫中心，11 个人开启的这一个伟大的事业代表了"鼠标＋水泥"时代中国客服的最高水准。携程客服团队自始至终重视科学管理在客服场景的应用研究，这也成为其长盛不衰的活力源泉。在客服业务场景下，管理科学和心理科学，尤其是涉及人力资源管理、教练技术和组织行为等相关学科的深入融入是重要的工具和积极的尝试。携程客服团队在此领域长达20多年的积极探索总结出了一套行之有效的实践方法,值得在全中国客服行业加以推广。

交互技术在进步、客户需求在迭代,我们看到这样一个充满活力的团队的一次次蜕变所带来的新的惊喜。期待携程客服中心总结自身管理经验所凝练出的这个《客服新人职场成长记》可以为全中国的客服行业同仁带来实际的帮助!

是为序。

赵溪

客户世界机构创办人

CC - CMM 国际标准组织主席

中国信息协会数字经济专业委员会副会长

序 二

当我看到《客服新人职场成长记》这本书时,想起了多年前的往事。有次在行业大会上演讲,记不清多久后,一位在携程上过我课的学生跟我聊天时抱怨说,他的领导听到我在演讲中谈到,即使对销售型团队,平均处理时长的研究也很重要,就让他们质检团队去听上百条订酒店的录音,把流程中每个环节的处理时长统计出来,当年可没有智能工具能做文本转译,纯手工,一条一条听,订酒店的流程有 10 多个环节,每个环节测算时间,然后把每个环节的处理时长和成交率分别做相关分析,发现所有环节当中的查地图环节,对成交率的影响最大,客服代表查地图找酒店资源的时间越长,客户最终成交的机会越低。

我说:"很棒啊,这不就找到员工培训的关键了嘛?这种研究很值得的。"

学生跟我说,"但老师,您并不是唯一的演讲嘉宾啊!"

这就是我对携程的印象——好做研究，把管理真正当作一门学问在做！

这也是我看到《客服新人职场成长记》这本书的感觉，把新人管理、新人成长真正当作一门学问来做。书中满满的干货，人力资源部门流行的 MBTI 职业性格测试，阳光心态培养的成长型思维模式建立，员工技能成长的自我服务宝典，你如果需要关于新员工培养的理论、工具、甚至案例，这里几乎一应俱全。

更重要的，这是携程总结的宝贵经验，而我认为由携程来总结员工培养、人才培养这方面的内容，也是刚好而已。因为我在百度百科上搜寻创办人梁建章的资料时，发现梁老师是北京大学光华管理学院的教授，百度百科对梁教授的描述是：年轻又喜欢研究问题的企业领袖，研究的领域是人力资源、教育和经济。

这本书，会让你在人力资源的新人培养和教育上，收获的不仅仅是良多！

许乃威

CCOM 呼叫中心行业标准特聘专家

中国台湾客服中心发展协会监事

《59 秒管理》作者

前　言

如果你正在考虑是否要踏入客服行业，你可能会好奇：

客服是个怎样的工作呢？

做客服是一种怎样的体验呢？

客服的日常工作压力大吗？

长期做客服有前途吗？

如果你刚刚踏入客服行业，你可能会困惑：

这么多的业务知识该如何掌握？

我该如何跟形形色色的客户打交道？

怎样才能提升服务中的各项指标？

工作过程中如何控制自己的情绪？

以上的种种困扰，每一位客服都曾遇到过。

在客服中心工作的近十年来，我们见到过许许多多的专职客服，了解了他们的喜怒哀乐，看到他们在工作中的努力与付出，同时也见证了他们对于服务的坚持与热爱。

针对客服新人成长过程中的常见问题，我们借鉴资深职场人的丰富经验，结合积极心理学、认知心理学、沟通心理学等领域的研究成果，创作了这本客服新人职场成长指南，希望给即将踏入或已经踏入客服行业的你来带来一些启发与帮助。

作为一本客服中心新人成长手册，我们在本书的不同章节尝试解答以下问题。

第1至4讲我们将探讨作为初入职场的客服新人，需要获得怎样的对于客服工作的职业认知，如何建立职业心态、修炼客服基本功、掌握业务学习的方法。

客服工作中需要人与人之间的相互支持，需要我们能够及时调整负面情绪。第5至6讲教会我们如何积极融入新的职业环境、如何稳住工作生活中的"小情绪"。

沟通能力是客服人员的核心能力，具备优秀沟通技巧的客服人能让服务更有温度，化解沟通僵局。第7至9讲从基本沟通技巧、沟通说服的策略及进阶沟通能力的培养三个方面，讲解如何循序渐进地提升沟通能力。

第10至12讲则探讨了在从事客服工作一段时间后，客服人员如何提升工作绩效，如何化解工作中的压力,如何规划进一步的职业发展。

　　客服这一行,或许不能让我们每天过得精彩纷呈,但在这份看似平凡的工作中,只要认真完成自己的本职工作,真诚对待身边的每个人,每一个小小的成就都会让你觉得时光没有虚度。

携程机票服务部

目　录

第一讲
职场新人入行前的"灵魂拷问"

初入社会,职场新人在做职业选择时常常会面临很多困惑,也难免会走一些弯路。在进行职业选择时,我们需要考虑哪些因素?如何了解想要从事的行业、岗位?如何分析自己与岗位的匹配度?

点点的职场故事-1

李点点毕业快一年了,但求职之路并不顺利。点点就读的是本地一所大学的冷门专业,就业十分困难,毕业后同班同学多干着与自己专业并不相关的工作。刚毕业时,点点爸妈托关系给她安排了去处,在当地某知名企业当文员。这份工作的工资水平能满足其基本生活,饿不死但也发不了大财,工作强度很低。

爸妈很满意点点目前安稳的状态——顺顺利利地毕业,还找了事儿少、离家近的工作,但他们却不知点点越来越忍受不了这无所事事的日子,跟身边人代沟大,几乎没有共同语言;工作内容没有技术含量,好似一眼就能望见退休的样子。爸妈当时为了让点点进这个单位,可谓煞费苦心。她不忍在他们面前多抱怨,但内心一直蠢蠢欲动,终于在工作快满两个月时悄悄地提出了离职。

当爸妈从别人那里辗转获得这个消息时,点点已经把离职手续办好了。他们没舍得责备自己的女儿,只是分外不解:文员的工作哪里不好,怎么就说不干就不干了呢?点点也给不出明确的原因,只是觉得这份工作干得不开心,总觉得这种生活不是自己想要的。

她想要的生活是怎样的,点点的心里也不甚明了,只是觉得生活一直按部就班,太过一成不变。向往远方却没有勇气去实践,向往自由却没有独立生活的自信。对于往后要干什么,点点心里并没有明确的方向。

在爸妈羽翼下无忧无虑地过了二十几年,李点点面对这突如其来的自由有些无措。辞职后的半年,点点尝试做过推销员、幼教,但不是业绩压力太大就是机构倒闭,没有一份工作能坚持到三个月。待业阶段的李点点,每天都要面对爸妈欲言又止、恨铁不成钢的眼神。爸妈开始的时候各种唠叨,想劝她回到原来的工作单位。唠叨一段时间后发现,一直温顺乖巧的女儿这次分外坚持,后来也懒得多说,由着她折腾去了。

因吃住都在家里,点点感觉这段时间所谓的"叛逆"其实名不正言不顺。要让她真就这么一直在家"啃老",她自问做不到心安理得,想着尽快找个能养活自己的工作。点点其实有点后悔当初冲动辞职,但也只能咬着牙硬扛。她面上风平浪静,其实心里非常焦虑,希望能有个转机把她从这不安中解救出来。

转机终究是来了。许久不联系的表姐徐珊给点点发来消息,点点一看是一则旅行公司客服代表的招聘信息。

"点点,你要不要考虑来我们公司试试?我们公司年轻人多,工作氛围挺好的。"

表姐徐珊在一家大型旅游网站的呼叫中心已经工作两三年了。因平时碰面的机会不多,点点也不清楚表姐的工作情况。只记得她提过,那家公司"工资还不错,挺锻炼人的"。

但点点也曾听说有同学去那家旅行公司工作过一段时间,不到一个月就辞职了,原因是工作时间长、工作压力大。

点点陷入了纠结,这家公司所属行业毕竟是旅游相关行业,跟她向往的"远方"也有些关系,要不要试一试呢?点点心里满是疑虑:客服工作是什么样的?工作内容是否只是帮着客户解答问题?如果像听上去的那么简单,为什么之前同学会说工作压力很大呢?另外,客服这份工作听着就需要很强的沟通能力。点点属于"熟人面前'话痨'、生人面前话少"的类型。这种需要大量沟通的工作,自己能够胜任吗?

一、你以为的客服与真实的客服

职场新人择业时需要考虑哪些因素?我们可以从以下两个方面来考虑。

第一,了解工作本身:工作的具体内容是什么?工作岗位有什么要求?行业前景如何?

第二,了解自身和这个工作的适配度:我对这份工作有兴趣吗?它和我的性格匹配吗?自身能胜任吗?我从事这份工作可以收获什么?

下面将从这两个角度来切入,一步步地了解客服工作。

(一) 如何识得客服真面目

如果有人问客服工作是做什么的,你会如何回答?

如果不曾接触过客服行业,你的答案可能是客服就是帮助客户解答问题的岗位。生活中,人们最熟悉的与客服有关的场景应该是网购:你在网上订购了一件产品,收到之后却并不满意,于是联系客服解决产品的质量问题。这便是以往客服岗位最常见的定位——售后服务。

如果你曾经从事过客服相关行业,反而会一时难以用一句话说明客服工作的性质。可能你要先想想,应该按照怎样的分类来回答这个问题。

按照服务方式,客服可以分为电话客服、在线客服、面对面客服等;

按照服务阶段,客服可以分为售前咨询、售后答疑、售后回访、投诉处理等;

按照所处行业,客服在通信、金融、电商、在线教育、旅游、医疗等诸多行业都有分布。

按照不同的维度,客服具体的工作内容可能千差万别,仅仅用一个词或一句话难以囊括客服工作内容的丰富性。如果硬要给客服的工作内容做一个概括,可以总结为:**通过电话或在线服务,满足客户在购买相应产品或服务时的需求,包含咨询预订服务、售后服务和投诉处理等。**

(二) 客服行业知多少

了解客服的发展历史与过程,可以帮助我们进一步理解客服工作。

20 世纪 90 年代,呼叫中心在我国萌芽。从早期以人工座席为主,到后来的数据语音自动应答,再到现在充分融入互联网技术,呼叫中心在我国经历了一段快速发展的时期。

《2019 年中国客户联络中心行业发展报告》显示,截至 2019 年 10 月,全国累计座席约 350 万席,座席规模的复合增长速度保持在年均 14.38％以上。在册的客户联络中心数量已超过 8 000 家,其中通信、金融、公共服务等行业占主流,占比近 47％;零售(含线上零售)、制造和航空汽车行业也在快速发展,市场份额逐步上涨,已占据一席之地。

现在的消费者获取同一件产品的渠道越来越多,服务便成为选择渠道时最重要的考量因素。企业所提供服务的好坏,不仅在一定程度上影响企业自身的形象,也会影响客户对该企业的忠诚度。因此,对于企业的发展客服发挥着相当重要的作用,塑造了企业形象。在当今越来越强调服务的大环境下,客服已经成为企业和客户进行沟通的重要桥梁。

(三)人工将被智能取代吗

随着智能客服的发展,传统人工客服的工作内容被大量替代。或许有人会问:人工客服还有其存在的必要性吗?

网易七鱼、网易定位、央视市场研究(CTR)联合针对近万名真实消费者展开在线调研,得出的《2020 电商客户服务体验报告》显示：62.6％的被访者更愿意选择真人客服。接受人工客服的服务时，快速解决复杂问题的能力是被访者最看重的。

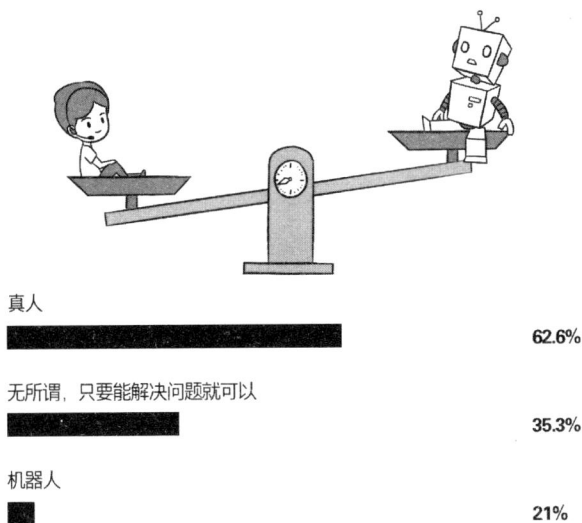

真人
62.6%

无所谓，只要能解决问题就可以
35.3%

机器人
21%

图1-1 客户对于真人客服和机器人客服的偏好

《2019年中国客户联络中心行业发展报告》还提到，现今的客户联络中心正从劳动密集型部门向知识密集型部门转变，人工智能技术创新发展带动服务模式升级。在智能机器人客服技术的辅助下，人工可以顾问的身份帮助客户解决业务问题，这就对人工客服解决问题的能力、沟通能力也有更高的期待与要求。

现如今,客服除了具有及时解答客户问题的功能,还承担着以下优化产品与服务的功能:

- 收集客户反馈,发现产品或服务的不足;
- 了解客户需求,协助产品的改良升级与功能优化;
- 增强客户对企业的信任,提升企业的声誉和知名度。

随着服务模式的升级,人工客服的定位趋向于更为高级的"顾问"角色。人工客服能灵活地帮助客户解决复杂问题,具有不可替代性。

从我们个人生活体验来看,现今的客户在消费前后对产品产生疑问时,会第一时间查询产品详情信息,进而通过智能客服寻求进一步的解答。如果该问题还未获得满意的答复,客户便会期望与人工客服互动,获得个性化与充满人情味的服务。

从以上分析中我们可以看出,现在的客服岗位越来越趋向这样一个角色——兼具人文关怀与专业性的知识型顾问。

二、客服工作什么样

如果你有意向从事客服工作,就需要对这个工作有进一步的了解。在入行前提前获取相关信息,可以让我们对未来可能面临的挑战有一定的心理准备。

（一）从招聘公告中了解任职要求

研究招聘公告是了解一份工作职业要求最便捷的方式，我们以下面一份客服代表的招聘要求为例。

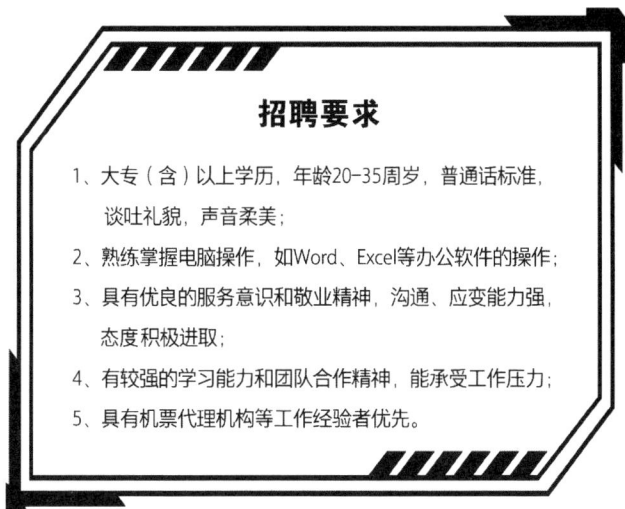

招聘要求

1、大专（含）以上学历，年龄20-35周岁，普通话标准，谈吐礼貌，声音柔美；

2、熟练掌握电脑操作，如Word、Excel等办公软件的操作；

3、具有优良的服务意识和敬业精神，沟通、应变能力强，态度积极进取；

4、有较强的学习能力和团队合作精神，能承受工作压力；

5、具有机票代理机构等工作经验者优先。

图 1 - 2 某客服中心招聘要求

这份招聘启事里，除了学历、普通话、电脑办公软件的使用等基本的硬性要求外，还强调了沟通、学习、情绪管理等能力，这是为什么？

1. 沟通能力

实际工作中，客服人员需要跟各种各样的客户打交道。通过耐心倾听，迅速把握不同客户的需求，安抚客户情绪,与客户交流想法、探讨解决方案,给予客户良好的服务体验,这些都需要优秀的沟通能力。

2. 学习能力

进入岗位后,客服人员往往要从头开始学习某一个领域的业务知识。前文中也提到,随着智能客服的发展,客户越来越看重客服解决复杂问题的能力。这都要求客服具备很强的学习能力,能够掌握不断更新的业务流程知识。

3. 情绪管理能力

客服工作有个重要的属性——情绪劳动。什么是情绪劳动?它指的是在服务过程中,客服人员为了有效完成工作,除了要付出脑力和体力外,还需要根据公司的服务理念和要求,表达相应的情绪。如在面对客户时,客服需要保持礼貌与耐心,即便遇到挫折,也要迅速调整不良情绪,表现出积极、正向的情绪状态。

客服工作看似门槛不高,实则对员工综合素质要求较高。如果你想开启自己的客服职业生涯,可以对照以上几个方面大致了解自己需要具备的能力与需要提升的方向。

(二)带着"空杯心态"搜集岗位信息

当你锁定了一家目标公司准备迈出求职的脚步时,可以通过各种渠道尽量多搜集关于这个岗位的信息。求职者可以浏览目标公司的网站,在网络上搜索跟这个公司相关的新闻,还可以询问身边的亲友是否认识曾经在那儿工作或还在那工作的人,通过跟他们的交流更多地了解目标岗位的信息。

有时通过不同渠道了解到的信息可能是不一致的。你可能先后咨询了在同一家公司就职的两个员工,却收到了截然不同的反馈。

小张说:"在这工作压力好大。"

小李说:"我觉得在这工作挺轻松的。"

该如何判断孰真孰假?

汝之蜜糖,彼之砒霜。即使是同一份工作,每个人与岗位的适配度也是不一样的。可能小李在从事客服工作之前有过其他行业的工作经验,对比之下,他觉得客服工作的压力并不算大;而小张入职前认为客服工作只是接打电话,替客户解决问题,但实际做了几个月后发现,客服并不像自己之前想象的那般容易,就感觉"压力山大"。

在做判断时,我们需要区分接收到的信息哪些属于客观事实,哪些属于当事人的主观感受。小张和小李所说的"工作压力大"与"工作轻松"都是主观信息,如果你想了解更多事实信息,可以进一步询问他们具体的工作内容是怎样的? 每天的工作量如何? 上班时间是如何安排的?

区分出"事实"和"观点"可以避免被一些预设的信息干扰。比如有人跟你说"客户都很难搞",另外又有人跟你说"客户都很友好"，如果你相信了前者，那可能工作之初就将客户都预设为蛮不讲理之人，对接电话产生畏惧心理，想到要开始接电话就紧张；相信了后者，你可能在遇到高标准、严要求的客户时会措手不及。

其实在新人客服眼里，客户的一小句质疑就可能成为难题；而在投诉处理高手眼里，只要耐心沟通，没有不好聊的客户。我们每个人对于事情的定义与建构不同，得出的结论千差万别。客户"难不难搞"只是当事人的主观判断，你将别人的观点当作事实，就容易影响到自己的工作心态。

作为职场新人，我们需要抱着"空杯心态"开启自己的职场生涯，避免被主观信息影响形成主观预设，更需要结合事实性的信息与自己的实际情况来判断："我"是否适合这份工作？"我"是否能接受有关这个工作的要求？

无论之前带着怎样的猜测或想象，听过多少不同的说法，当一切未知时，我们不如先抱有灵活开放的心态，融入新的环境，拥抱新的事物。

（三）资深职人经验里谈收获

一位从事客服工作多年的投诉处理专家如是说：

"当我运用我的专业知识和语言技巧解决了客户的问题让客户少走弯路时，或者帮助客户争取了最大的权益时，自己也获得了满足感，感觉自己至少做了一件有意义的事情。在工作中,我希望能得到公司以及客户的认可,让我觉得我的存在是有价值的。我认为把本职工作做好,为公司、客户带来价值,获得反馈和认可是最开心的。"

这段分享中,她提到了三点客服工作中的收获:

- 在工作中运用到了自己的专业知识和沟通技巧;
- 帮助客户解决了问题,认为自己做的事有意义;
- 获得来自公司、客户的认可,以及自己对自己的认可。

我们考虑是否从事某份工作时,自然要考量薪资、福利、交通等现实因素。但除此之外,我们也需要思考工作本身可以给我们带来什么,如个人能力获得充分发挥、成功帮助到别人时获得成就感、自我价值得到实现等。当我们能从更多角度为这份工作赋予意义时,也就更能长久而愉悦地从事这份工作。

三、我到底适不适合

初入职场,新人都会问自己:"我到底适不适合这份工作?"这个问题其实问的是工作性格的匹配度,以及个人能否胜任。

(一)职业性格匹配度

不管是择业还是择偶,一旦谈到"适合",就必然离不开性格（或人格），这也是市面上各种性格测试大行其道的原因。

1. 不要让性格"背黑锅"

很多人认为性格是先天的，无法改变。这种想法常常导致我们做出以下思考：

"我性格内向，不适合做客服。"

"我性格闷，不爱说话，不适合和客户沟通。"

"我个性比较冲动，不适合干这一行。"

"既然性格是那样，那我也没有办法了。"

当我们在进行职业选择时，性格不匹配似乎成了一种无法反驳的拒绝某个工作的理由。往往我们越执着于性格和工作的匹配度，期望找一份跟自己性格相匹配的工作，越会让性格成为职业选择中的枷锁，让找工作变得举步维艰。

2. 性格无好坏之分，无需刻意改变

进入职场，我们无需刻意改变自己的性格，更无需给自己贴上"我天生如此，无法改变"的标签。

性格指的是相对稳定的个性特质，没有好坏之分。在人际沟通中，内外向者其实各有优势，差异仅在于让我们呈现不同的沟通风格——外向者可以通过展现热情让对方感到亲近，而内向者可能更善于通过展现真诚赢得对方的信任。

同时，职业经历也在一定程度上影响外在性格。有位资深客服就提到过,自己刚入职时跟男生说话都会脸红,但从事客服工作一段时间后,自己的表达能力明显增强,与人交往也自如很多。

(二) 我能胜任吗

人职匹配中除了性格外,很多人还会考虑能力,即个人能否胜任这份工作。

1."我能胜任吗"是个伪命题

首先,如果你能通过面试,说明面试官已经认可你具备胜任这份工作的基本能力,你便可相信自己具备做好这份工作的潜能。

其次,好的服务本不是千篇一律的,并没有固定的范本或模式,职业所需的能力也在不断改变升级。

最后,职业技能与能力具有可塑性。人们普遍对内向者有着"不善于沟通"的刻板印象。其实通过有意识的练习,内向者可以提升自己的沟通技巧,成为善于沟通的内向者。通过科学的学习与刻意练习,从"不胜任"变为"胜任"只是时间问题。

2."反木桶原理",凸显长板优势

每个人在能力方面都有长板与短板,关键要扬长避短。如身高不占优势的篮球运动员,可以充分发挥自己的灵活性优势,担任好控球后卫的角色,这就是**反木桶原**

理——木桶最长的一根木板决定了其特点与优势，在一个小范围内成为制高点，凸显长板优势。

反木桶原理告诉我们，要尽力发挥优势。如果你是个善于倾听的人，那么在工作中要尽量发挥倾听理解的一面；如果你是灵活的决策者，那么在服务过程中要尽量展现果断决策的一面。形成自己的服务特色，建立清晰、独特的个人标签，人人都有可能定义属于自己的"好的服务"。

（三）建立"职业锚"，深耕专业能力

同样是换工作，为什么有人越换越好，有人就是不行呢？因为有些人在职业发展中能够带着明确的职业目标，坚持累积相关的职业经验与技能，实现在该领域的职业升级；而有些人换工作，东一榔头西一棒槌，随意更换职业方向，看似什么领域都涉足过，实则并没有锻炼出具备竞争力的职业能力。

以上两者差别的形成和"职业锚"有关。锚即定位，建立职业锚就是在经验累积过程中，形成一个较为明晰的与职业有关的自我概念，通过某种路径往这个方向去发展能力。如果你选择成为一名机械工程师，就应当去钻研基础机械原理、熟悉机械结构、掌握机械操作；如果你选择成为一名旅游行业客服，就应当了解旅游知识、学习业务知识、提升沟通能力，等等。

图 1 - 3 换个地方再挖

找到了"职业锚",会更加坚定自己的职业方向,促进预期目标的达成。在此过程中,不应计较一时的得失,而要不断地进行自我调整与适应,在一个相对固定的领域积累专业能力。

四、职业测量问卷

企业在招聘新员工时,会通过职业兴趣、性格或能力的测评,了解求职者的职业兴趣类型,发掘职业潜能,从而实现人职匹配。同样,职场经验比较少的求职者,可以通过参与专业的职业测评,为自己的职业选择提供参考。以下为几种比较常用的职业测量问卷。

（一）霍兰德职业兴趣测试

霍兰德职业兴趣测试（Self-Directed Search）是由美国职业指导专家霍兰德（John Holland）根据他本人大量的职业咨询经验及其职业类型理论编制的测评工具。霍兰德认为，个人职业兴趣特性与职业特性之间应有一种内在的对应关系。根据兴趣的不同，人格可分为调研型（I）、艺术型（A）、社会型（S）、企业型（E）、常规型（C）、实际型（R）六个维度，每个人的性格都是这六个维度的不同程度组合。

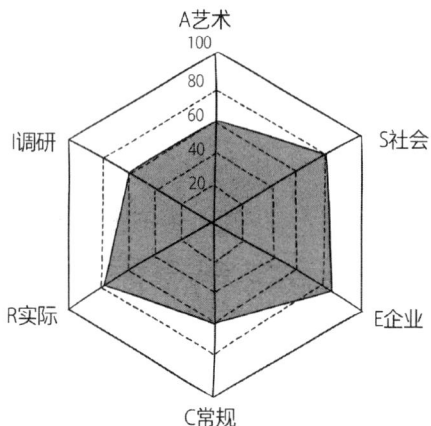

图 1‑4　霍兰德职业兴趣测试结果展示图

（二）MBTI 职业性格测试

MBTI 人格理论的基础是著名心理学家卡尔·荣格

(Carl Jung)关于心理类型的划分,后经一对母女凯瑟琳·库克·布里格斯(Katharine Cook Briggs)与伊莎贝尔·布里格斯·迈尔斯(Isabel Briggs Myers)研究并加以发展。MBTI职业性格测试是国际上最为流行的职业性格评估工具,作为一种对个性的判断和分析,共分为四个维度,每个维度有两个方向,共计八个方面,分别是:外向(E)和内向(I)、感觉(S)和直觉(N)、思考(T)和情感(F)、判断(J)和知觉(P)。以上四个维度两两组合,形成十六种人格类型。

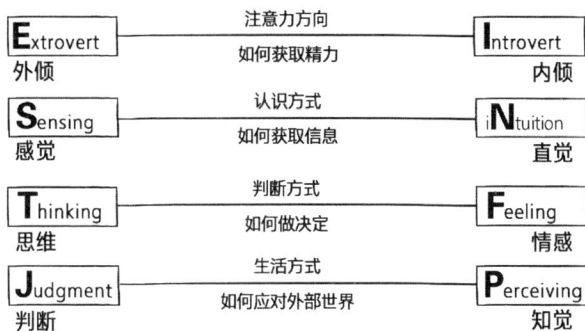

图1-5　MBTI职业性格测试维度

(三)施恩职业锚测试

施恩职业锚测试(Career Anchor Questionaire)是职业锚理论的提出者施恩教授(Edgar. H. Schein)在1978

年设计提出的,这也是国外职业测评运用最广泛、最有效的工具之一,并被国内外众多企业选为人才选拔、任用、考核的重要工具。测试将人的职业锚分为以下 8 种类型:技术或职能型、管理型、自主或独立型、安全或稳定型、创造或创业型、服务或奉献型、挑战型和生活型。这个测试能帮助我们明确自身价值观和职业定位,找到能力倾向,确定适合的长远发展目标和方向。同时需注意的是,职业锚测评需要被测者拥有一定的工作经验,至少在工作 1 到 3 年之后,这个测试才有相应的指导意义。

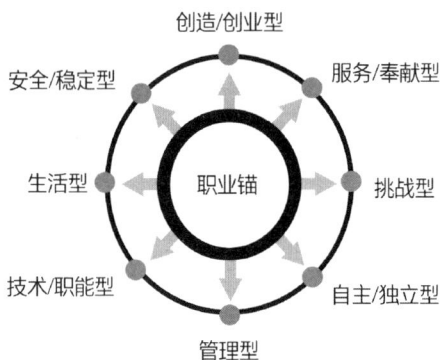

图 1-6　8 种职业锚

"是否适合这份工作"从本质上来讲是职业规划的问题。对于很多人来说,职场的选择充满机缘巧合。如在从事客服工作的人当中,很多人是经过亲朋好友推荐、学校实习等方式应聘的,客服也许并不是他们的首选,也不是梦想。加上对这个职业的了解不多,会产生诸多职业困惑。

在实际工作一段时间后,你会逐渐形成自己的判断:我的优势在哪里?我擅长什么?我的职业成就感来源于哪里?对于工作中不可改变的部分,我的接受度如何?有没有什么办法来解决这些问题呢?

开启属于自己的职业生涯,前人为我们在前行的道路上踩出了脚印,而我们要在此基础上走出自己的路。

第二讲
业务学习，如何练就"速成大法"

想成为专业客服，深入掌握关于本行业的业务知识是必备条件。在学习业务知识之前，我们需要先学习"如何学习业务"。本章我们从学习、记忆、运用、复盘四个阶段来探讨如何科学高效地进行业务学习。

点点的职场故事·2

点点通过表姐徐珊发来的招聘链接提交了面试申请，过了几日便通过了面试顺利入职。点点被分到徐珊所在的机票业务部门，入职后便迎来了连续几周的密集培训。走进培训教室时，点点发现跟她一起入职的有三四十个人，几乎坐满了不大的培训室，大家唧唧喳喳说着话，就像读书时开学的场景。

坐在点点旁边的新员工，一位叫作周倩，一位叫作张旭。周倩是个笑起来有两个浅浅梨涡的美女，毕业后不想回老家受爸妈管束，留下来跟同学一起找工作。听说这边待遇还不错，便和几个同学一起来了这里。张旭是个看着有些不着调的小伙儿，本地人，跟周情是同班同学。三人一拍即合，成为了结伴出入的"饭搭子"。

第一周培训的主要内容是基础的航空业务知识，要记忆的内容很多，每天还有针对前一天学习内容的测试。要是考试不通过，新人们就会面临淘汰的风险。

给他们讲解基础业务知识的培训师叫程洁，人称小程老师。她脸圆圆的，看着不比"学生们"大多少，上课时却很有气场，能将看似枯燥的航空知识讲解得有趣好懂，既专业又深入浅出。看到有学员不认真听，小程老师还经常语重心长地教育他们："这个内容很重要，一定要掌握。后面要考的，考不过是要被淘汰的。"

上课过程中，点点发现周情是个"问题宝宝"。培训师每讲完一个板块的内容，都会问大家"还有问题吗?"。这时其他学员大都不说话，但周情总会抛出一些问题来，大多是和老师讲过的内容相关却又没有涉及的。点点觉得周情很善于思考，能将前后的业务知识融会贯通，是一名不折不扣的"学霸"。张旭则颇有些小聪明，当老师讲到一些与地理相关的内容时，比如哪个省有哪些城市，邻近又有哪些城市，他能迅速地做出反应，知识储备很丰富。

相比之下，点点感觉自己就是个"笨鸟"。为了跟上进度，上课时她认认真真地听，下课后勤勤恳恳地背。对于要记忆的测试内容，更是全力以赴地准备，最终也都顺利通过了。这给了点点一些信心，看来花心思认真学，这些业务知识也不难嘛！

第一周业务知识的学习多是记忆性的，到了第二周多了很多操作层面的内容。从预订到改签、退票各种操作，点点这才发现小小一张机票里面竟暗藏着这么复杂的操作流程，更别说还有多种特殊情况了。

随着培训的深入，点点的"学渣"属性开始暴露了——听课倒能听懂，老师一提问就犯糊涂，尤其是涉及一些具体操作的特殊情况，知识点多而散，很容易混淆。

但点点发现，老师提问时，周倩回答得特别清楚。课间休息时点点赶紧取经："倩倩，这两天学的业务流程我感觉特别容易混淆，你怎么理得这么清楚？有没有什么秘笈？能不能教教我呀？"

周倩大方地将自己的笔记分享给点点："老师发的学习材料是很详细，但是我觉得还是自己整理一下思路才会比较清楚。"

看到周倩的笔记本，点点才知道"学霸"和"学渣"的差距在哪儿。培训材料里面的内容虽然全，但内容杂而乱，光看很难记住。点点虽然记了笔记，但记得很潦草。周倩的笔记本很清晰地整理了知识点的框架，把容易混淆的知识点用不同颜色的笔做了特殊备注。难怪老师一提问，她都能对答如流。周倩告诉点点，要掌握好业务知识，不能光靠死记硬背，而要建立自己的知识框架，从整体上把握知识点间的关联。点点听了颇受启发。

每天的最后一节培训，小程老师会带大家一起复盘一天的学习内容。第二周的学习快结束时，她问大家："这周学的东西是不是比上周难啊？"

"是！"底下异口同声答道。

小程老师狡黠一笑："这才哪到哪儿啊！大家不用担心，后面更难。"众人听了一片哀号。

小程老师示意大家安静，继续说道："现在你觉得这些业务知识难，等到实际运用的时候多操作几遍就能掌握了。但我们的业务知识场景多，实际工作中遇到的事件更复杂，流程也会经常更新。如果你原来的流程知识还没有掌握好，新的业务内容又来了，后面会更跟不上节奏。"

"现在大家还在带教培训期，培训师和你们以后的带教师傅会及时回答你们的问题。未来大家到了工作岗位上，都忙着接电话，问问题可就不会这么方便了。现在是打业务基础的阶段，每天带大家一起复习当天的知识点，也是希望大家养成复盘的习惯。遇到问题多总结多思考，学着举一反三，吃透每一个知识点，不要留疑点。记住，容易混淆的知识点要梳理清楚，容易遗忘的还要及时记录下来方便后续查找。"

这一两周的培训学习，让点点感受到客服岗位的业务学习不是件容易的事。点点回想着周倩和小程老师的分享，陷入了沉思：自己的问题不是不努力，而是"不会学习"。开始时太依赖老师发的培训材料，花了很多时间复习，却只是在死记硬背。不仅记得慢，而且没能真正理解业务知识间的关联。当接触的业务知识越来越多时，更是记了后面忘了前面。业务知识多而杂、更新快，自己该如何梳理业务知识要点，并在不同的业务场景中灵活运用呢？

一、打造属于自己的业务宝典

成为客服的第一步，便是进行业务知识的学习。谈到"学霸""学渣"的差异，我们可能首先想到记忆力、用功程度上的差异。其实还有一个关键点是"会不会学习"。我们大都做过十几年学生，却不一定都会学习，不一定了解怎样学习才能达到事半功倍的效果。

业务学习的第一阶段往往是集中式的业务培训，做好业务知识笔记和建立知识框架是该阶段学习的两个关键方法。

(一)科学高效地做笔记

"好记性不如烂笔头",记笔记是我们加工学习材料的过程。如果学习的内容难以一次性完全掌握,我们便需要以业务知识笔记的形式整理所学,以便后续的查阅与理解。

很多人在上课时会做笔记,但如果只是把培训师讲的每一条业务知识点都原封不动地记下来,你可能发现:

当遇到具体的业务问题一时答不上来,需要翻笔记时,很难从满满当当的笔记本上找到相应的业务知识点;回顾前期的笔记内容时,往往会忘记了所记知识点的来龙去脉。

如果你也踩过上面这些坑,那你很可能只是为了记笔记而记笔记,没有利用好笔记这个工具达到理想的学习效果。好的笔记应该是什么样?我们可以借鉴一种更有效的记笔记的方法——康奈尔笔记法。

康奈尔笔记法把一页纸分成了三部分:左上方的线索栏、下方的总结栏和右上方的主栏,记录的内容可以参考表 2 - 1。

表 2 - 1　康奈尔笔记法说明

线索栏	主栏
概括关键知识点：以关键词形式记录，最好使用与主栏颜色不同的笔。	记录重要知识点：对知识点做简单的加工，如标注各知识点的层级关系、重要知识点突出标记等。
总结补充栏	
归纳总结：记录与之前所学知识点的关联，可实际应用的场景，实际应用中遇到的问题以及注意点。	

　　在复习业务知识时，我们可以根据线索栏中的关键字句回忆主栏中的知识点，再与主栏所记内容比较，查漏补缺。

(二) 构建知识地图

　　做好笔记只是业务学习最基础的一个环节，为了更牢固地掌握业务知识，形成完整的知识体系，我们还需要对学习材料进行二次加工，即**构建知识地图**。在业务流程的学习上，建立知识地图可以帮助我们把零散的业务知识点井然有序地排列组织起来，形成关于业务知识内容的导航系统，这有利于业务流程的梳理和记忆。

　　如何构建知识地图？这里介绍一种实用的工具——**思维导图**，具体的操作步骤如下：

　　第一步，确定中心主题，以此作为基础展开其他分支内容；

第二步，发散思维，将主题分解成多个次主题，每个次主题应属于并列关系；

第三步，从次主题逐步往更细的分支主题发散，提炼关键词，让每一个分支发散到不能再发散为止；

第四步，对每块分支进行区分，将各分支主题联结起来，使思维导图一目了然。

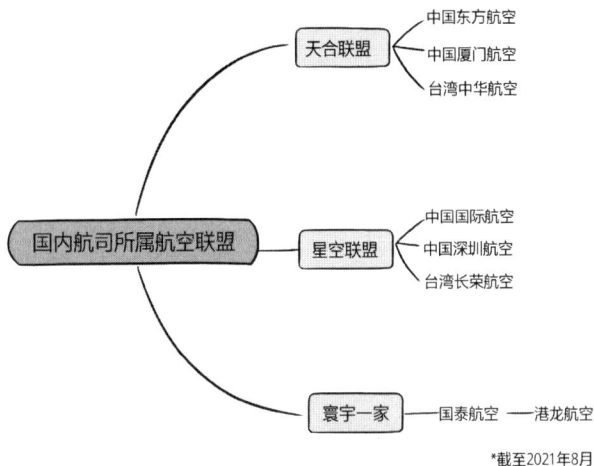

图 2-1　国内航空公司所属航空联盟的思维导图

搭建好完整的业务知识框架后，我们还需要在工作实践的过程中积极应用，及时总结并持续更新，保持知识体系的更新迭代。

完善而重点突出的笔记加上清晰明了的思维导图，能帮助我们构建属于自己的业务宝典，从而迈出成为业务专家的第一步。

二、把握规律，才能学得好、记得牢

在业务学习的过程中，很多人认为自己的记性不好，业务知识内容多且枯燥，特别容易记了前面忘记后面，怎么记也记不住。这时，我们可以将大脑想象成肌肉，把握学习与记忆的规律，采用科学的方法提升学习能力，让大脑越用越强。

（一）有关记忆的规律

新员工阶段的业务学习往往采用短期集中培训的形式。新员工参与培训的过程中可能感觉内容并不难，但是到上手实践时，却发现大部分学过的业务知识已经被遗忘了，这其实是遗忘曲线在作祟。

德国心理学家艾宾浩斯（H.Ebbinghaus）研究发现，遗忘在学习之后立即开始，70％左右的知识在学习后的两天内就会被遗忘。

根据记忆保持时间长短的不同，可以把记忆分成短时记忆和长时记忆。如要拨打一个新的电话号码，我们

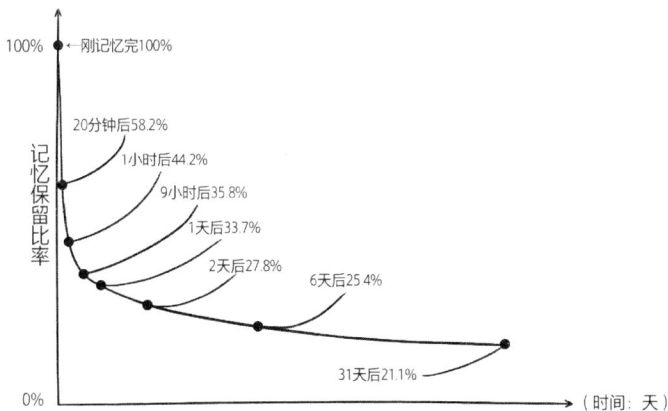

图 2-2　艾宾浩斯遗忘曲线

听到后可以马上根据记忆来拨号,但是过后就记不住了。我们在进行集中式的业务学习时,边听课边记笔记,课后合上笔记本可能就什么也想不起来了。

　　只拨过一次的电话号码、新学习的业务知识等信息,之所以忘得快,是因为只存在于我们的短时记忆中,没有进入我们的长时记忆。长时记忆是对短时记忆反复加工的结果,通过重复记忆,短时记忆就转化为了长时记忆。

　　我们希望能将业务知识记忆得牢固、长久,并能在实践中加以运用。艾宾浩斯遗忘曲线提示我们:想要记得牢,就要多复习。如何复习效果才会最佳呢?

（二）间隔学习 VS 集中学习

如果有一份需要记忆的业务学习材料，花一个小时突击背下来和早中晚各花 20 分钟的时间进行记忆，哪种记忆方式效果更好呢？

许多人常常将要记忆的内容花整块的时间反复背诵，企图一劳永逸，但往往发现效果并不理想。这种在一个集中的时间段内，对所要学习的内容进行反复学习的方式，称为集中学习，一般只会产生短时记忆。而间隔学习是把所要学习的内容，分散在几段有一定间隔的时间段里进行学习。间隔学习的方式更能帮助我们将短时记忆转为长时记忆，学习效率优于集中学习。

为什么间隔学习比集中学习更有效？

● 花比较长的时间学习同样内容容易让人倦怠，难以专注，而间隔学习更容易保持对新材料的新鲜感，易集中注意力，并能预留反思总结的时间；

● 当我们回顾几乎快要忘记的信息时，我们的大脑会付出更多的认知资源提取信息，进一步加工并添加更多的回忆细节；

● 学习内容从短时记忆转化到长时记忆需要一定时间。在这个过程中，学习的内容重复出现，得到多次巩固，记忆效果会更好。

如今市面上也有不少基于间隔学习的原理设计的学

习 App,非常适用于一些相对枯燥的业务内容的记忆。有不少软件是电子化的抽认卡管理工具,利用了间隔学习的原理,合理安排复习频率,辅助我们学习记忆,堪称高效学习神器。

常见记忆软件的使用步骤如下:

第一步,利用软件制作知识点学习卡;

第二步,遵循软件的安排,对学习卡内容进行熟悉度评估。

根据间隔重复算法的评估,熟悉的学习卡片会被安排推迟复习,不熟悉的学习卡片重复出现的频率则会提高。

(三) 将新旧知识融会贯通

另一种我们学习业务知识的方式,是看发放的培训材料、学习笔记、PPT 或邮件。如果发现自己没记住培训时的内容,可多看几遍上述材料。这种学习方法看似容易却很低效,这样的学习往往会让我们误以为对这些业务知识已经很熟悉了,产生一种已经学会的假象,然而事实并非如此。

上节我们说到在开始学习时,业务知识进入的是我们的短时记忆。要想记得快、记得牢、记得久,还需要对学习内容进行一定的精细加工,将短时记忆转化为长时记忆。精细加工，指的是对业务知识的主动思考理解，将新的知识与我们已知的东西或者生活经验联系起来。

在学习的过程中，我们可以时不时停下来，问自己一些跟这个业务知识有关的问题：这个知识点和我已知的东西有什么联系？和我在生活中的实际经验有什么联系和区别？可以运用在什么场景中？

比如学习航空业"取消留用"这个业务知识时，我们可以思考：

- 这与普通改签有什么区别？
- 在操作上有什么相同或者不同之处？
- 客户会在什么情况下有这项业务需求？

在与已有知识经验进行比较的过程中，我们对新旧知识体系进一步加深理解，融会贯通。

（四）通过自我测试给记忆"打结"

在新员工培训期，一般隔一段时间就会安排一次小考。我们可以将考试作为学习的重要环节，通过自我测试来巩固重要的业务知识。

《认知天性》一书中就反复提到自我检测的学习方式："只需一次自测，一周后回忆率就可从 28％ 跃迁至 39％"。短时记忆就像是小孩子串珠子做项链，这边串上那边掉，而自我测试的过程就相当于给记忆这条绳子的两端打上结。

在记忆重要的业务知识点时,运用哪些方法可以给记忆"打结"呢?

一是根据已学内容自问自答,或者自己给自己设计小考。自我测试的过程中,你会了解自己哪些业务知识已经掌握了,哪些还没有掌握,发现自己的薄弱环节,并在后续学习中加强巩固原先不熟练的部分。

二是有意识地将自我测试的时间间隔开来。有意让两次学习之间出现一些遗忘,这样每次测试都需将我们学过的东西从长时记忆中调取出来。

你可能会发现自我测试的学习方式比较费力,很难回想起所学内容。但其实每一次回想都能够加深记忆,加强对知识点的理解。这种看似费时费力的方式,比反复去看培训材料效果要好得多。

三、你能调用的业务知识有多少

工作中的业务学习与学生时代的学习最大的不同是:学生时代学习的直接目标是为了通过考试,而在职场中对业务知识的学习是为了学以致用。如果不能灵活运用学到的业务知识,帮助客户解决问题,学习便是无效的。

作为客服新人在实际操作过程中,常常出现知识运用困难的情况:

"这个业务知识我学的时候认为自己理解了,但向客户解释清楚却是个难题。"

"这个订单和上次遇到的差不多,但我还是不知道怎么处理。"

能否灵活运用所学内容来解决实际的问题,跟我们采用的学习方式有关。

(一) 被动学习 VS 主动学习

很多新员工会反馈:"为什么我明明很努力了,可遇到问题还是不会解决?""我连睡觉都在学习业务知识,但是还是不会用。"参加培训课程、阅读培训材料、课后重复背诵等学习方式虽然能帮助我们掌握一定的知识量,但消化吸收效率很低。

美国教育学家埃德加·戴尔(Edgar Dale)提出过一个解释学习吸收的金字塔理论。根据学习金字塔理论,听讲和阅读这样的被动学习方式,最终只能使 10% 的学习内容留在大脑里;但是讨论、实践、教授他人这样的主动学习方式,却可以记住 90% 以上的学习内容。

主动学习如此明显的优势源于学习中的生成效应。学习金字塔中的讨论、实践应用、教授他人都属于自身生成的学习方式,它们的优势就是使知识得以消化理解,通过学习者自己的表达,激发各个知识之间的联结,将单一

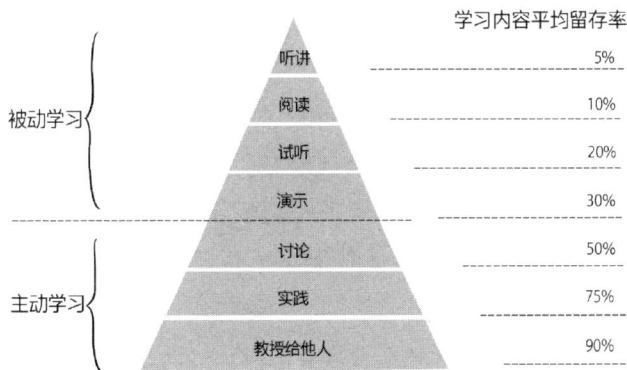

图 2-3 学习金字塔

的知识灵活运用到不同的场景中。

(二) 将知识灵活运用到各个场景中

在一列开往北京的火车上,有位农民父亲。他的女儿三年前上考上了清华大学,儿子也在今年上了北大。有人就好奇地问他:"你把两个孩子教育得这么好,是不是有什么绝招啊?"

农民父亲挠挠头,憨厚地说:"我这人没什么文化,也不懂什么绝招。只是觉得孩子上学花了那么多钱,不能白花了,就让孩子每天放学回家,把老师在学校讲的内容跟自己讲一遍。如果有弄不懂的地方就问孩子,如果孩子也弄不懂,就让孩子第二天问老师。就这样孩子的学习成绩一路攀升……"

这个故事里的父亲让孩子转述学校老师讲的内容，其实就不自觉地使用了著名的"费曼学习法"。其核心就是用最简单的语言介绍任何概念，让人能听懂。这种方法可以帮助学习者更深层次地理解学习的内容，有助于学习者对知识的保存、提取及应用。

借鉴费曼学习法，我们怎样灵活运用所学知识呢？

1. 通俗易懂地阐述业务知识

当学习业务知识中的专业术语时，我们可以尝试用自己的话将业务知识通俗易懂地阐述出来，让不熟悉该领域的人也能听懂。

比如，客户购买机票后可能会质疑："不是说机票早点订便宜吗？怎么我订完就降价了！"针对这个问题有两种解释方式：

专业版解释——机票随订随售，价格波动很正常；

通俗版解释——机票的价格是实时变动的，可能有人预订了便宜的机票后又退了，航空公司把票以之前的价格新放了出来；或者为了上座率，航空公司进行了价格调整。这和在超市遇到一些商品打折是差不多的道理。

前者客户听完可能还是不理解，后者则更能让客户明白。采用这种方法的好处：一是可以简化所学知识，提取关键点；二是通过简单的比喻、对比，让晦涩的业务知识变得浅显易懂。

2. 深入思考与迁移，多问为什么

客服新人常害怕遇到客户的"灵魂拷问"：为什么是这样的？难道不可以那样吗？如果没有提前深入思考，理解问题背后的原因，客服很可能会一时语塞，甚至毫无招架之力，最终导致差劲的客户体验。如何打破这种窘境？在业务学习的过程中，客服新人可以像客户那样多问自己几个"为什么"。

客服新人还可以尝试采用客户思维进行情景模拟，将理论和实际运用相结合。模拟客服和客户对话的情境，看看自己的说辞能否令对方满意，理清让自己卡壳的关键点是什么，把自己放到客户的角度与立场思考。

对问题追根究底，能让我们更深刻地了解业务知识或流程的运行规则，实际操作起来也更加得心应手。同时，我们会发现知识点都不是孤立的，它们是互相关联的。学会知识迁移，举一反三，将知识灵活运用到相似的工作场景中。

实践是检验真理的唯一标准，我们进行业务学习的目的是学以致用。用积极主动的方式学习、思考，对学习内容进行转化、总结，并尝试迁移运用，可以帮助我们达到更高的知识掌握水平，将学到的内容灵活运用在各种场景中。

四、及时复盘

学习和工作遇到问题或差错是在所难免的，但是如果我们不断重复自己的错误，掉进同一个"坑"，或成长缓慢，说明我们在问题发生后缺少反思。如何利用好这些问题或差错，使之成为我们进步的助推器，关键是找出问题产生的原因，做好总结复盘。

"复盘"来自围棋，指的是每次棋局结束以后，通过局后的推演点明得失，分析双方每次落子的优劣得失，发现对弈的优点和漏洞，然后总结规律，形成定式，从而快速提高自己的对弈水平。复盘是棋手能否持续成长的关键，通过对过往对局的重现和反思，棋手不光能在技术层面上保持进步，也能通过实战变化和复盘变化间的不断比较，锻炼自身思维广度和逻辑能力。

我们日常生活中也常有"如果当时……就会（不会）……"的想法，复盘的过程则可以帮助我们下次遇到同样的情况时做得更好。

对客服来说，复盘就是定期总结和梳理出好的工作方法，及时反思工作中的问题，通过对工作过程的推演回顾，找出问题的原因与规律，提升问题解决能力。具体而言，复盘应当如何操作呢？

（一）今日事今日"复"

复盘不是只有在阶段性重要转变时才做的事情,在学习了新业务知识后,或者一天的工作结束后,都可以问问自己以下问题:

● 今天学到了哪些新的业务流程？哪些地方理解了,哪些地方没有理解？业务知识间有何关联？所学知识可以应用在哪些场景中？

● 今天的工作中,哪些地方做得好？哪些地方还有不足？如何改进不足？

及时的复盘总结可以帮助我们查漏补缺,建立业务知识间的关联,达到灵活运用、举一反三的效果。

（二）差错与问题及时复盘

当工作出现问题时,复盘总结问题发生的原因,错误便可转化成帮助我们成长的经验。问题复盘的一般步骤如下:

1. 回顾事件过程

在头脑中回顾或写下处理过程:

● 客户的问题是什么？

● 给出的解决方案是什么？

● 关键的节点和对应的操作是什么？

● 什么时候开始出现问题导致错误的发生？

2. 分析问题原因

审视解决问题的过程,探究分析问题发生的关键原因:

- 是否是对哪个业务流程理解有偏差?
- 是否是对客户诉求没有把握准确?
- 是否是提供的解决方案不恰当?

3. 总结改进方法

针对该问题进行调整改进,避免重复犯错:

- 针对操作失误,可制定问题应对的预案,如将关键注意点做成提醒标签贴在电脑旁,提示自己再遇到类似情况时应该怎样操作;
- 针对业务盲区,可梳理巩固相关业务知识点,查漏补缺;
- 针对能力不足的问题,可制定提升计划,通过刻意练习,补足短板。

总体来讲,复盘的过程其实就是我们客观回顾、反思问题并总结经验的过程。相对单纯的总结来说,复盘更为灵活机动,在对已有问题的反复推演中,可以让能力逐步提升。

第三讲
初入职场,"心灵鸡汤"怎么煲

职业旅程的启航总会伴随着风浪,作为职场新人,我们需要明确自己的职业角色及所应具备的职业心态,以成长型的思维模式面对工作中的问题与挑战。

点点的职场故事-3

点点入职的第三周,公司为新员工安排了每天半天的带教学习。点点和张旭被分到同一个带教师,师傅的名字叫唐菲,人称"菲菲姐",在公司已经工作6年了,是个名副其实的老员工。菲菲姐人瘦瘦的,很亲和,说话还有点幽默。

在带教师身边学习的常规模式是先跟听学习,一段时间后可以试着自己上手接电话。所谓跟听学习,就是带教师接听客户电话时,点点他们坐在边上旁听,熟悉上机操作。很快,带教学习跟听的第一个电话接进来了。

菲菲："您好,请问有什么可以帮您?"

客户："是这样的,我有个5点从厦门飞青岛的航班,刚到机场值机的时候发现,预订的时候名字中间有个字不小心写错了。现在没办法值机,怎么办呀?"

来电的客户是位女士,声音虽然温柔,但言语中有掩饰不住的着急。

菲菲："明白了,请问是哪一个字错了?"

客户："是张彦春的那个'彦'写错了,写成了燕子的'燕',正确的应该是上面一个生产的产,下面有三撇。"

菲菲："好的,我这边马上联系航空公司申请更改,您手机请保持畅通,我十分钟之内会给您回复。"

客户："好的,好的! 真的太谢谢你们了。"

事件紧急,客户在机场等待,而且马上值机手续就要停止办理了。菲菲忙而不乱,跟客户核对好信息后,立马联系航空公司沟通客户的情况。

航空公司告知需要乘客提供证件以供审核,菲菲又马上联系客户："您好,不好意思打扰您。是这样的,我们联系到航空公司给您更改信息,需要您提供一下证件的正反面照片做审核,辛苦您尽快提供一下。"

客户立马配合,通过邮箱将证件发了过来。菲菲收到后说："您在线不用挂机,我让工作人员在线帮您更改。"

菲菲在线联系航空公司同步帮客户申请更改信息,

改好后告诉客户："让您久等了,航空公司这边已经帮您改好了,现在时间比较紧急,您先办理手续。"

客户连声道谢后挂机,大概过了十分钟,菲菲再一次拨通了客户的电话："您好,不好意思再次打扰您,现在值机办好了吗?"

客户连声说："办好了,办好了。"

"好的,那我们就放心了。"得知客户顺利值机,菲菲松了口气。

点点悬着的心也跟着放下来了,菲菲打趣道："怎么样? 接电话刺激不?"

点点感叹："太刺激了。"

点点虽然没有自己上手接,但听到客户遭遇难题心也跟着悬了起来。问题顺利解决后,她也松了一口气。在跟听的过程中,点点的心情起起伏伏。看着师傅不慌不忙地解决着一个个问题,点点对她的崇拜之情油然而生。真切体会到做客服不但要业务能力强,心理素质也得过硬。

看了师傅接电话的过程,点点脑海中有个畏难的小人跳了出来："接好电话还真不容易! 如果客户问的问题自己不会怎么办? 如果遇到像今天电话中的紧急情况,估计自己一下就慌神了。今天电话里的客户态度还算好的,要是再遇到个态度差的怎么办?"

点点以前在学校时就是个容易畏难的学生，一遇到难题就忍不住想打退堂鼓，还没着手解决问题就想逃跑，因此她很佩服那些遇强则强、不屈不挠的人。

　　当天的培训，正好有一堂关于客服工作职业定位的课。这个课的培训师叫陈丽，个儿不高，齐耳短发，看着十分温柔。之前点点对于客服工作的理解是，当客户有问题打电话过来时，客服通过自己的业务知识帮客户解决问题。但陈丽在课上，却聊到了点点之前没有想过的客服工作的其他面貌："我们未来在实际的接听过程中，会遇到各种各样的客户，也会面对客户各式各样的诉求。客服除了要掌握好业务知识，还要善于跟不同脾气的人打交道；除了解决客户的业务问题，还要会安抚客户的情绪。同时我们作为客服也需要有比较强的心理素质，能够化解自身的压力和负面情绪。处在客服的职业角色里，我们要拿出专业的职业态度来应对工作中出现的各种问题。"

　　陈丽的这段话，让点点对客服工作有了更多的认识。但一想到自己之前做销售的失败经历，点点就有些担心应付不来客服工作的压力。点点问旁边的周倩："以后要是遇到那种特别难搞的客户，你怕不怕？"

　　周倩一脸满不在乎："怕啥，反正隔着电话线呢，他又不能爬过来。"

点点被周倩逗得直乐，想想的确是这个道理。

陈丽看出大家的顾虑，开玩笑说："这就打退堂鼓啦？考虑清楚哦，现在反悔还来得及。"底下的学员一阵哄笑。

接着，陈丽正色道："大家也不用过分担心，咱们70％—80％的客户还是很好打交道的，那种看似不好沟通的客户只占很小的一部分。之所以提到这点，是想让大家有个心理准备。客服这个工作说难也不难，你掌握好业务知识就能回答绝大部分客户提出的问题。但如果你想成为一名优秀的客服，想要职业生涯走得长远，除了精通业务知识外，还需要具备游刃有余的沟通能力、灵活的问题解决能力、强大的心理素质以及端正的职业态度。希望大家能够认识客服这份工作的价值，摆正自己的职业角色，既不轻视也不畏难，都能在这个工作中有所成长。"

这次没有人嬉笑了，学员们有的低头赞同，有的沉默不语像在思考。点点心里的某个角落被触动到了——自己以前都是抱着得过且过的心理，不管找到什么工作先做着，坚持不下来就放弃，没什么大的目标。现在她不禁反思：自己没能在之前的工作中坚持下去的原因是什么？这种遇到困难就想后退的心理应该如何调整？

之前择业糊里糊涂，从没考虑到职业生涯的问题。现在从客服这个岗位重新启程，点点作为职场新人，应该抱着怎样的职业心态？客服的职业角色又是什么样的？

一、害怕不能胜任时怎么办

在学习阶段,新员工难免会遭遇一些困难与挫折,有些人能够保持良好的心态,冷静地分析学习中的不足之处,从而找到解决问题的方法,克服困难;而有些人面对困难时,则很容易心灰意懒、自暴自弃,还时不时会产生一些消极想法:

- 别人都学得很好,自己比不上别人;
- 觉得自己不擅长记忆,无法通过考核;
- 已经尽了最大努力,但是表现仍不理想,是不是自己不太适合这份工作。

为什么面对同样的困难和挫折,有些人能够勇敢面对,有些人就意志消沉甚至一蹶不振?这是思维模式的差异造成的。在《终身成长》一书中,作者卡罗尔·德韦克(Carol S. Dweck)根据人们对能力发展的认知,将人的思维模式分成了两种,即固定型思维模式和成长型思维模式。

(一) 固定型思维 VS 成长型思维

固定型思维模式的人认为,人的能力等基本素质都是天生的,无法通过后天努力改变。他们渴求成功,因为只有成功才能证明自己的天赋和能力,并获得外界的肯定和赞美。

成长型思维模式的人则认为，人的各种基本素质都可以通过自身的努力得到提高，成功来源于尽自己最大努力做事，只要努力就可以做得更好。

事实上，关于能力的隐含信念决定我们如何看待挑战、失败、努力、批评等，进而影响到我们的事业、生活和幸福。

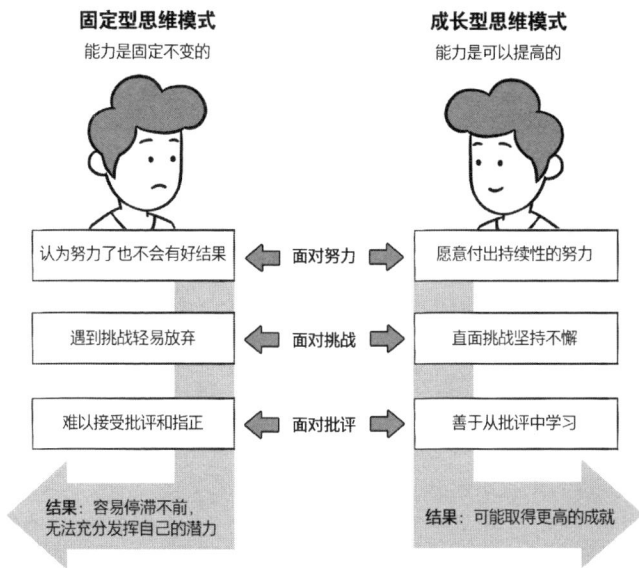

固定型思维模式
能力是固定不变的

成长型思维模式
能力是可以提高的

认为努力了也不会有好结果	⬅ 面对努力 ➡	愿意付出持续性的努力
遇到挑战轻易放弃	⬅ 面对挑战 ➡	直面挑战坚持不懈
难以接受批评和指正	⬅ 面对批评 ➡	善于从批评中学习

结果：容易停滞不前，无法充分发挥自己的潜力

结果：可能取得更高的成就

图 3‑1　两种思维模式对比

当遇到挫折时，如一次考试没考好、记东西时比不上别人、被带教师傅批评、学习比较难掌握的业务操作等，

成长型思维模式与固定型思维模式的新员工会有哪些不同的反应?

表3-1 不同思维模式新员工应对方式对比

问题场景	固定型思维模式的反应	成长型思维模式的反应
遇到新的挑战	失败会**证明能力不足**,我还是放弃吧	给我机会,我就**愿意尝试**
在学习或工作中遇到疑难问题	这对我来说太难了,我**不会**做,我**不要**做	这个问题**现在**我不明白,我可以付出更多的时间和精力学习,或找人问到清楚为止
犯了错误或受到批评	我又做错了,感觉自己**好失败**	原来的方法不对就说明**下次**不能再这样处理,在错误中我可以总结经验
别人比自己优秀	他比我聪明,**没办法了**,我就是不如他	我要知道他是怎么做的,学习一下他的方法,**试试看**

当我们在职场中具备成长型思维模式,会更积极面对挑战,更愿意坚持不懈付出努力,提升个人能力,取得更高的成就。

(二) 如何培养成长型的思维模式

1. 对失败情境合理归因

你认为取得成功或遭遇失败的原因是什么? 当背诵

业务知识不顺利时，有些人就会觉得是自己的记忆力不行，花再多时间也是浪费；另一些人则会反思是不是背诵的方法不对，或者花费的时间和努力不到位，进而针对这些问题设法改进。

两者的差异源于归因方式的不同。美国心理学家伯纳德·韦纳（B.Weiner）将成功与失败的因素主要归结于以下四点：

- 能力，即对这件事是否胜任；
- 努力，即在完成这件事的过程中是否尽力而为；
- 工作难度，即凭个人经验评估这项工作的难易程度；
- 运气，即成败是否与运气有关。

把背不好这件事归因为自己记忆力不行的认知方式就是固定型思维的人常有的。这个类型的人在做事时总是很想证明自己，一旦遇到失败，就容易陷入自我否定中，会产生"我不如别人聪明""我不会做这个""太难了，我做不到"之类的想法。面对工作中的挑战，如果他们一直秉持这样的想法，则很容易放弃努力。

而如果将背不好这件事归因为记忆方法不好或付出的努力不足，那么只要改善方法或者付出更多努力，便可以获得进步。一时的失败只是成功路上的绊脚石，在以后的工作中付出更多的努力，工作和学习中也更容易收获成功。

改变归因方式,把失败归因为方法、努力等我们可以控制的因素上,我们才更有机会突破自己,找到自我成长的契机。

2. 转变看法,将能力看作是可塑、变化、发展的

如果我们将能力看作是一成不变的,担心一旦失败便证明自己能力不行,便不敢接受更高的挑战;如果我们将能力看作是可塑、变化、发展的,在学习、工作中以发展能力作为目标,会更愿意在挑战中锻炼提升自己的能力。

因此,我们需要转变对于能力的看法,在面临挑战和困难时,将学习和成长作为目标,相信自己的能力会不断发展和提升。比如:

● 犯错时,用"犯错能让我们发现自己的不足,进而加以改正"的看法代替"我搞砸了,我很失败";

● 面对挑战时,用"我现在可能做不好,但不断学习提高后会越做越好"的看法代替"我不擅长"。

3. 选对参照系,建立合理期望

职场新人很容易陷入自我否定:跟同期的小伙伴比较,看到别人优秀时苦恼自己怎么做不到;跟老员工比较,觉得差距太大,怀疑自己难以达到他们的业务水平。这两种情况其实都选错了参照系。

如果我们将比较的重心放在自己身上,关注今天的自己跟昨天的自己相比是否有进步,会更容易建立自信,

激励自己持续付出努力。

同时，苛求自己一直保持优秀，是一种不太合理的期待。如果目标一开始设置得太高，很可能还没开始执行就感觉到压力，或者做着做着发现太难达成而中途放弃。

我们需要建立合理的自我期望。怎样的期望算合理呢？最好是自己稍微努力就能做到的，能及时得到反馈的。这样有利于我们获得成功的体验，建立"我可以做到"的信念。

通过合理归因、转变对能力的看法、建立适当期望，我们要逐步培养起成长型的思维模式，让我们在这个充满变化的"终身成长"型社会里迎难而上、不断进步。

二、当我们被负面想法困住

我们的大脑对潜在的威胁很敏感，会忍不住想象未来可能出现的各种糟糕的后果，容易误将"想法"当作"事实"，并被这些"事实"吓得精神紧张，让自己充满焦虑或者挫败感。比如因为担心业务知识难学不会，进而联想到这次测试过不了，以后工作中犯错，甚至被客户投诉等。

在这种状态下，我们的大脑被各种负面想法占据，会感觉眼前有如此多的困难，怀疑自己是不是就不适合做客服工作。

这种沉浸在负面想法里而不自知的情况,称为**认知融合**。

在认知融合的状态下,我们的注意力都被头脑中的一些负面想法与焦虑情绪带跑了,以致原本可以用来解决问题的时间和精力都被用在了对抗这些想法上。这时该怎么办?

(一) 摆脱负面想法的"流沙"

假设你在沙漠中行走,突然陷入流沙之中,周围没有绳子或者树枝可以拉,这时你会怎么做呢?

在这样可怕的险境里,人们通常的做法是挣扎着想要逃脱。但是在流沙中挣扎,只会越陷越深。其实,我们还有一种更明智的选择:不要挣扎,尽量平躺,伸开手脚,最大限度地扩大身体接触面积。

当我们在生活或工作中遇到问题或困难时,采用认知融合模式就像是与流沙搏斗,反而容易让我们卡在负面思维状态中。这时我们可以运用"**认知解离**",解除"**认知融合**",更为灵活开放地应对:

- 往后退一步,审视头脑中的想法;
- 提醒自己,它们只是想法,不是现实;
- 尝试与想法保持一段距离,重新回到现实当中。

（二）如何运用"认知解离"

我们先来看看一个实际工作场景。

在业务测试之前，你可能会心烦意乱、焦虑不安，这时该如何运用"认知解离"？

第一步，先盘点头脑中自动出现的念头，如"考砸了怎么办？我会不会因此不能通过试用期？""这是不是意味着我干什么都不能成功？"等；

第二步，问问自己，这些想法多大程度上会成为现实？这些想法对解决现在的问题有帮助吗？如果相信这个想法会怎么样？从而区分"想法"与"现实"；

第三步，与头脑中的这些想法保持一段距离后，在现实场景中选择对此时此刻的你有利的行动。如"考砸了怎么办"这个想法会带来焦虑情绪，对解决问题却没有帮助。你可以更多地考虑通过什么方法掌握这些业务知识，思考如何更好地应对当下的问题。

经过上述认知解离，虽然我们没有刻意改变这些想法，但这些想法对我们的影响已经发生变化了。我们不再沉溺于之前那些负面想法的"流沙"，而是有意识地选择了对解决当前问题更有利的行动。

有时我们觉得身边的伙伴处理问题举重若轻，平和冷静，我们眼中的麻烦对他们来说好像不费什么劲儿就能轻松解决；反观自己，工作生活却是一地鸡毛。然而，我们想象的这种一帆风顺、岁月静好的状态,其实只有极少数人才能达到,每个人的生活里都存在着这样或那样的烦恼或挫折。

职业旅途本就不可能一帆风顺,我们可以做的是准确评估现实,区分不可改变的障碍以及能够调试的出路。主动适应变化的环境,用成长、发展的眼光看待自己,将注意力集中到能够解决问题的行动上。顺应变化,积极适应,我们的职场之路才能越走越宽。

三、面对工作选择中的无奈

当被问及选择这份工作的原因是什么时,你的回答是什么?

有些人说:"暂时没有找到兴趣点,就网上海投简历,面试通过了,就来试试。"

另外一些人说:"家里人觉得工作地点离家近,比较稳定,自己暂时也没有其他想法,就听从家人的建议来上班了。"

虽然看上去目前从事的工作是主动选择的,但你对工作可能不是很了解,更谈不上热爱,总感觉这不是真正想要做的事情,而是不得不做的选择,内心总有那么一点不甘与无奈。这时该怎么办?

（一）寻找自主动机

我们之所以会产生这种无奈感，是因为职业选择的过程多被外部因素推动，而非自己的主动选择。

生活中有这样一个场景，到了吃饭时间，你不是很饿，妈妈却说："你不能不吃饭，不吃饭身体怎么吃得消呢？哪怕吃一口也行，我做都做了，怎么能不吃呢？你必须得吃一点。"

妈妈越是这么说，但是你心里其实越发不想吃。还会感觉好烦，自己这么大人了，吃不吃饭还用说？被唠叨得更不想吃了。

但到了晚上九、十点钟，你刷朋友圈的时候看到别人发的美食照片，看得直流口水，越看越饿，于是偷偷点了个外卖，备注"勿按门铃"。

为何妈妈的唠叨不管用，而朋友圈的美食却让你点起了外卖？这就是源于动机的差异。

心理学家德西在自我决定理论中区分了两种行为动机，即受控动机和自主动机。

受控动机是个体出于内部压力（内疚）或外部压力（他人的要求）而从事某行为的动机，也就是"不得不做"。这种情况下个体需要有人督促，或者为了获得奖励，躲避惩罚，才会行动，个体很难从中获得快乐。

自主动机是个体出于自己的意愿和自由选择（如兴

趣、个人信念等)从事某行为的动机,也就是"想要做"。这种情况下不需要外部的监督、提醒和奖惩,我们就可以发自内心地认同并且坚持去做,并且能够从中获得乐趣和满足。

在客服的日常工作中,我们可以从以下角度发现更多的乐趣与满足,提升对工作的兴趣,增强认同感,从而提升自主动机:

● 在用自己的专业能力解决好客户的问题时感受到助人的满足,认识到工作给自己带来的潜在价值;

● 学习了某一领域的专业知识,积累了职业经验,沟通表达能力获得提升,收获了个人能力的提升。

随着技能提升,我们会发现一点一滴的进步都会鼓励我们继续坚持把一件事情做下去,形成稳定的认同感。当从菜鸟进阶到高手后,我们会发自内心的热爱这件事,从成就中获得巨大的满足感,自主动机也随之增强了。

(二) 善用目的论,探索更多选择

我们常常认为过去的种种或外部的环境导致了现在"不得不"的困境。真的是这样吗?《被讨厌的勇气》一书中讲到这么一个例子:

孩子调皮捣乱,妈妈便冲着孩子发火。这时电话响了,妈妈看到是老师打来的,接听时马上转为和气有礼的

语气。但挂掉电话后,妈妈又继续对孩子发脾气。

我们会发现,家长的怒火并不是因为孩子瞎捣乱,而是为了威慑孩子,表现出家长尊严不容侵犯。过去或外部的经历并不是个体做出当前选择的原因,个体的行为选择都源于某种获益或好处。这种看待问题的方式被心理学家阿德勒(Alfred Adler)称之为"目的论"。

当我们纠结于目前从事的工作是"不得不"的选择时,可以尝试使用目的论的视角,不再把问题归结于外部环境。可以通过以下几步转换视角,看到选择背后的原因。

第一步,列出你认为不得不做的事。将日常工作生活中不喜欢、不想要,但却认为自己不得不做的事情罗列出来;

第二步,用"选择做"代替"不得不"。在所列的事情前面加上"我选择做",将"不得不"带来的无奈转化为控制、选择,给自己赋能;

第三步,写出选择背后的理由。"我选择_____,是因为我想要_____。"

通过以上三步,我们会意识到这些选择对自己有哪些好处。即便事情依然艰难、有挑战,我们对它的态度已经发生了改变。

阿德勒说,决定我们自己的不是"经验本身",而是"赋予经验的意义"。目的论可以启发我们换一种视角来看待工作生活中的各种选择,帮助我们探索事情背后的意义,指导我们更有潜能、更有选择地面对生活工作。

四、职业心态与角色

在客服工作中,我们需要明确客服的职业定位,进入客服的职业角色,建立作为专业客服的职业心态。

你可能觉得,只要将该做的事情做好了,职业心态又有什么影响呢? 让我们一起来看看下面这个简单的工作场景:

一位客户因为产品问题来电投诉,你按照工作流程尽心尽力为他提供了解决方案,但他还是不满意,甚至口不择言,把气都撒到了你身上。

这时作为一名新人客服,你难免会感到委屈:导致问题的又不是我,我也尽心尽力地帮客户解决问题了,客户对我还这种态度,况且生气完全不能解决问题。

这种委屈的情绪,可能多多少少会影响你后续的工作状态。如果不巧,一天遇到好几个这样的客户,下班时可能你也会带着憋屈的心情回家。久而久之,这种消极情绪逐渐累积,你会觉得这份工作也太折磨人了,简直就是受气包。

如果你的工作对象是生产线上的物料,那完全不会有这种困扰。但如果你的工作场景中涉及人际交往,那多少都会遇到类似的问题。比如：

如果你是设计师，你可能会收到来自甲方的各种修改意见；

如果你是老师，你可能会遇到不听话的学生；

如果你是医生，你可能会遇到不配合的病人……

可仔细想想，这些"不如意"真的都是对方造成的吗？只有对方通情达理，凡事都耐心配合时，我们才能做好工作吗？反过来想想便会发现，这种期待是不现实的。我们工作的对象是人，而人是复杂多面的，不同人对同一件事的反应可能不同，即便同一个人在不同情境下对待同一件事，反应也会不一样。我们不可能规定只有符合某种标准的客户才能购买公司的产品。

从某种意义上来说，以上提到的跟人打交道的工作都可以统称为"服务业"。如果服务行业有某个一统江湖的价值观的话，那便是——**以客户为中心**。即便是不同行业的客服岗位，具体的业务内容可能千差万别，但最终的目标都是相同的——通过优质的服务使客户满意。那么，从事服务业需要具备怎样的**职业心态**？

（一）职业心态与服务

继续以上述客户发脾气的场景为例，看看新人客服与资深客服的不同反应背后**职业心态的不同**。

新人客服遇到客户发脾气时的反应：这个客户怎么这样，还对我发脾气，有些客户就是难搞，作为客服好卑微，遇到无理客户只能赔笑脸，真是太憋屈了。

背后的职业心态是：

● 作为客服我们是受气包，跟客户是不对等的；

● 客户对我发脾气，我怎么这么倒霉；

● 客户不好沟通我也没办法，"讨生活不易"。

资深客服遇到客户发脾气时的反应：我们的工作就是会与各种各样的客户打交道，客户发脾气是对目前的处理方案不满，我需要调整沟通方式，更好地解决他的问题。

背后的职业心态是：

● 作为客服我们是问题解决者，跟客户是平等的，与各种各样的客户打交道本是工作的一部分，我们需要尊重客户，但没必要怕客户；

● 我代表公司为客户解决问题，客户不满针对的是公司，不针对我个人，我需要调整好自己的情绪，没必要用别人的错误来惩罚自己；

● 如果跟客户沟通不顺利，我需要多想方案，调整沟通方式，尽量与其达成合作。

（二）如何建立职业心态

你可能会认为，我是人又不是机器，被无理指责时我就是会生气呀。

其实,具备职业心态,不意味着成为没有情绪的机器人。如果抛开情绪,在工作中我们也会变得非常冷漠,没有办法提供有人情味的服务。

真正的职业心态,指的是在工作中拎得清,知道自己做的是一份什么样的工作,认同这份工作的核心价值观。在处理工作中的问题时,内心才会是自洽、不纠结的。当你真正认同客服在工作中需要以客户为中心时,再遇到问题,你也会优先从客户的角度来考虑问题。即便开始的时候沟通不顺利,你也会从维护好客户关系的角度考虑提供什么样的替代方案客户更可能会接受,如何表达双方会更容易合作。

如果没有绷着这根弦,工作中遇到问题时,你更可能将心理资源耗费在无谓的烦恼上。本可用来思考如何解决问题的心理资源,反而耗费在自己的情绪内耗上,既无益于工作问题的处理,也让自己陷于沮丧的情绪状态中。

(三) 区分职业角色与个人角色

你可能会认为建立职业心态好难。我们可以做一个尝试,区分清楚两个自我——**工作中的自我与作为个人的自我**,也可以将其称为**职业角色与个人角色**。

将职业角色与个人角色区分开有何好处呢？在客户生气发脾气时，客服因为对方的言语也产生了负面情绪。

- 客户指责的"你"，是处于职业角色下的"你"；
- 觉得客户无理的"你"，是处于个人角色下的"你"；
- 当"你"感到生气，是将个人角色带入了职业角色。

职业角色与个人角色的混淆，很容易影响到我们的工作状态。不管生活中的你是何种性格，工作中你都需要戴上客服这个职业角色的"面具"，展现你职业性的一面。放下对客户的好恶和评价，时刻提醒自己保持工作状态。一名专业的客服，需要展现符合客服职业角色的专业素养，避免不专业的行为出现。

生活中我们则要善于放下职业角色，这时可以运用**"心理隔断"**的技巧，回家后进行某个小的个人仪式，比如洗澡、打开音箱播放喜欢的音乐、更换舒适的家居服、给家人一个拥抱⋯⋯

通过这些小小的仪式，提醒自己放下职业角色，放下工作中的压力。用心陪伴家人，享受自己的时光，避免将职场上的负面情绪带到生活中。

仔细观察身边人，不难发现有这样的伙伴，在工作中严谨负责，在生活中慵懒随意。不让自己职业角色那根弦一直绷着，松弛有度，是一种成熟的职业智慧。

在工作中进入职业角色,具备职业心态,是我们作为一名职场人的地基,贯穿于职业生涯的始终。职场小白的下一步,便是逐步累积职业经验,提升职业能力,正式开启职业发展之路。

第四讲
客服需要具备哪些"基本功"

经过了一段时间的业务学习，在掌握了业务知识后可以顺利上岗吗？在一个靠说话来提供服务的工作岗位上，怎么把话说得好听、说得专业，是客服另一项需要修炼的"基本功"。

点点的职场故事· 4

在带教的过程中，师傅菲菲会一边接着电话，一边在接听的间隙给张旭和点点答疑。询问他们有没有什么不明白的地方，同时讲解电话中涉及的要点。

菲菲虽然性格温和，但对徒弟的要求还是很严格的。在跟听开始前，菲菲就跟点点和张旭交代："刚开始接电话时，有些师傅会一句一句教徒弟怎么说。但我做新员工的时候，认为这样会让自己不去思考。真到自己接电话的时候，可能还是不知道怎么跟客户说，总想等着师傅教。因此你们跟听的时候，不光要听，还要把我怎么说的给记录下来，如在第一个界面要跟客户说什么，第二个界面要说什么……最后要跟客户说什么。等到你们自己接的时候，我不会一句句地教你们哦，万不得已时我才会提醒。等你们接完后，我会帮你们总结刚刚电话中遇到的问题。"

在跟听半个月后，点点和张旭实际对客的时刻终于来了。他们既摩拳擦掌、跃跃欲试，又满心忐忑。

菲菲看到他们紧张的样子调侃道："这就要正式上战场啦，兴奋吗？"

张旭提议："要不您还是像其他师傅一样，先带着我们接几个，让我们找找感觉。"

菲菲一副恨铁不成钢的表情："都听我接了好几天了，第一天就跟你们说要自己接，到这会儿可不能怂啊。"又补充道："放心吧，我又不会真不管你们，万一卡壳了，我会在旁边'救'你们的。客户一般也不会为难人，如果客户催你，你就说'麻烦您稍等下，我是新来的'，客户一般也会理解的。"

听师傅这么说，点点想着迟早要迈出这一步，索性自告奋勇："师傅，我先来吧。"

菲菲很欣慰："不愧是我的徒弟，加油！"

插上双通耳机后菲菲示意点点接进第一通电话。

"你好,请帮我看看我下周的航班要是改签的话怎么收费?"来电的是一位男士,咨询改签条件。

点点忙说:"稍等,我帮您看下。"她查看订单界面上的相应条款,根据提示回复了客户。

客户了解到详情后没再提其他要求,反倒问了句:"小姑娘,是新员工吧?"

点点一阵紧张,寻思着自己是不是说错了什么,赶忙道歉:"先生,不好意思。"

客户一下笑了:"就是平时打电话你们客服语速都挺快的,头一回听到回答这么一板一眼的。你别紧张,挺好的。我没什么别的问题了,再见哈。"

点点松了一口气,第一通电话运气不错,遇到个和善的客户,没有因为自己是新人为难自己。

"第一通电话感受如何?"张旭好奇地问点点。

"不瞒你说,客户问我是不是新员工时,我手在抖。"点点心有余悸。

看点点接得挺顺利,张旭也欣然上场。遇到的客户是询问行程单的邮寄情况,也属于常被问到的问题,张旭一脸"这题我会"的轻松表情,顺利解决了客户的问题。

结束了一天的接听初体验,菲菲带领二人总结电话接听中的问题:"你们今天接得都还可以,但还是要注意语音语调。你们有没有发现,我接电话时跟平时说话状态不太一样?"

点点仔细回想了一下,菲菲接电话和平时说话的状态确实很不一样,跟客户交流时语音语调是上扬的。

菲菲更进一步道:"仅仅是服务态度热心主动是不够的。我以前的声音就很平,而好评录音的语音语调是上扬的,能真正给客户积极、主动的感觉。每个人说话的语调和音质都不一样,我们需要在接线的过程中注意语音语调的调整,要比平时更抑扬顿挫,让客户能感受到我们的饱满热情和微笑服务。"

交代完后,菲菲又给点点和张旭一些优秀录音的记录,嘱咐他们有空时多听听,学习里面好的服务用语与表达方式。

第一次的接听体验让点点感受到,听别人接电话是一回事,自己上手又是另一回事。自己真正面对客户时,只会照着流程一问一答;但师傅接听时,就给人一种专业而流畅的感觉。成为专业客服的过程真是"路曼曼其修远兮",敷衍不得。从服务的话术用语,到表达的方式、沟通的细节都得练习,这便是客服基本功的修炼过程。

一、搭建个人"服务宝典"

很多公司都设有"帮助中心""F&Q"或诸如此类的内

部工具,这些工具相当于业务流程大全。流程大全中记录了客户会问到的绝大部分问题,但如果仅仅参照其中的内容来回答客户问题是不够的。我们来看看以下两段对话。

对话 A

客户:您好,我想问下目前机票的退票费是多少?

客服:好的,我帮您查询了下,起飞前 3 天要收取您票面价 20% 的手续费。

客户:哦,那是多少钱呢?

客服:好的,帮您算下,目前费用是 108 元。

客户:好的,我知道了。

对话 B

客户:您好,我想问下目前机票的退票费是多少?

客服:好的,我帮您查询了下,起飞前 3 天退票的话需要扣除票面价 20% 的手续费。帮您算了下目前操作的话,退票手续费是 108,但到起飞前 3 天内需要扣除 40% 的手续费。请您关注下时间,防止后续费用上涨。

客户:好的,我了解了,谢谢你的建议。

客服:不客气。

以上两段对话中,两位客服都回答了客户的问题,但后一位客服想在了客户之前,提供了更周到的服务,更能高效解决问题。

（一）为何要总结自己的"服务宝典"

有人认为按照标准流程服务不一样能解决问题吗？有必要去研究自己的"服务宝典"吗？

（1）从客户感受上看，单纯对照业务流程一问一答的服务方式，客户可能感觉在与智能客服对话。而客户选择人工客服，多半是因为智能客服不能解决其问题，期待有更为个性化与人性化的服务体验。

（2）从工作评价上看，如果我们多结合客户的实际情况，思考客户还有什么潜在的需求，怎样的表达能够给客户带来更好的服务感受，那么客服岗位最常见的两个关键指标——好评率和一次解决率也能随之拉高。

（3）从个人能力发展上看，按照标准流程话术来服务是最不费脑筋、最省力的方式，但一两年后，我们的个人能力可能还停留在原来的水平。如果我们一直钻研改进表达的方式，总结积累属于自己的服务技巧，那么职场竞争力也会更强。

（二）个人"服务宝典"的内容

1. 不同场景下的服务"套路"

在工作一段时间后，我们可以试着总结客户最常咨询的问题，思考如何高效地沟通，提升解决效率。这些累积的工作经验便成了不同场景下的服务"套路"。

如客户咨询订购某个产品，但未明确表示要购买。客服如果只回答客户提问的产品问题，那么客户后续很可能会流失。

有经验的客服的处理办法是，根据客户的需求或顾虑提供专业的分析与建议，对比其他同类产品，强调产品的亮点与价格优势。如果客户表示还要考虑，有经验的客服会再跟客户约定好时间回电。

在这个过程中，客服在客户原本咨询的问题以外，为客户提供了更为全面、专业的信息，提升了服务效率，也更能体现客服作为顾问角色的专业性。

2. 灵活的话术技巧

同样一句话用不同的方式说，沟通的效果可能大不相同。入行前，不一定每个人都具备良好的语言组织能力，但入行后我们需要有意识地总结好的话术技巧，思考如何表达更能有效地引导客户，优化服务感受。这些话术包括：

- 客户有情绪时该如何安抚；
- 如何向客户表达同理心；
- 客户向公司提建议后如何回应；
- 客户的需求不能满足时如何得体地拒绝，等等。

想要做好服务，需要我们开动脑筋主动思考，并在日常工作中有意识地进行总结梳理。工作中累积的各种经验,都在助力我们个人职业能力的升级。

二、如何通过录音学习

想在客服岗位上快速成长,必定要善于分析录音。通过录音分析,我们可以总结自己服务过程中的问题,借鉴优秀员工的宝贵经验,一步步提升自己的服务质量。

有些人可能会说:"我也听过很多录音,没觉得学到什么东西啊?"光听而不总结,效率会很低,听再多也没用。该如何高效率地进行录音分析?

(一)个人差评录音分析

有时我们认为自己的服务没什么问题,客户却给了差评。这时候我们需要回听录音细节,找出容易引发客户不满的表达,同时思考如何改进可以让客户有更好的感受。

可能引起客户差评的原因包括:

● 语调语速:是否语速过快让人难以抓住重点,或语调平淡让客户感觉热情不足;

● 否定式的表达:如"不是这样的""您理解错了"这类表达,在客户听来可能就是否定和指责,容易引发反感情绪;

● 急于解释：如"这不是我们的问题"，容易让客户感觉客服在回避责任。

新人可以通过录音分析精准地定位自己的问题，了解客户的不满点，并针对这些问题进行改进。

（二）优秀录音分析

坚持跟听优秀录音，并与自己的录音进行比较，可以学习优秀员工跟客户沟通的方法。从中总结和整理出适用于自己的技巧和话术，改进自己沟通时的语言表达，提高服务水平。

● 听了一段录音后，首先暂停思考：客户的问题是什么，客户有什么特征，客户下一步可能有什么需求，预测他还会提问什么；

● 在客户的提问处，可以暂停录音，想想如果是自己会如何回应客户；

● 继续听录音中的回复，对比自己与优秀员工回答的差异点，思考有无可借鉴之处，并做相应的记录；

● 按以上方式听完之后，再完整地听一遍录音，总结录音整体给人的感受、沟通节奏如何把握，等等。

录音学习是客服成长中必不可少的一个环节，录音的细化分析可以帮助我们及时发现自己的问题。回顾录音分析记录，将自己总结出的优秀话术、沟通技巧运用到日常工作中，进而推动服务水平的提升。

三、打造好声音

有这样一则寓言故事。

山羊婆婆最爱的小孙子去外地读书了。有一天，山羊婆婆收到小孙子的来信，高兴坏了。但是山羊婆婆不识字，想找人给她读一读信。

路上她碰到了大熊，于是请大熊给她读信，大熊用十分粗鲁沙哑的声音读道："亲爱的婆婆，我好想你。我在这里很好，十分想念你做的小饼干。"山羊婆婆一听十分生气："这个不孝顺的家伙，只会惦记我做的饼干。"还没听完就气冲冲地走了。

山羊婆婆在路上又碰到小黄莺，小黄莺看到她一脸不开心，就问："山羊婆婆，什么事情让您这么生气?"山羊婆婆拿出信来给小黄莺看，小黄莺接过信后用十分甜美而清澈的声音读道："亲爱的婆婆，我好想你。我在这里很好，十分想念你做的小饼干。"山羊婆婆一听，幸福地笑了："哎哟，我的小宝贝儿，我这就回去给你做小饼干。"

同样的内容用不一样的音色表达，能给我们带来完全不一样的感受。由此可见，不同的声音具有不同的情绪感染力。

在电话服务过程中,因为缺少面对面的交流,客户通过客服的声音勾勒出对方的形象,客服通过客户的声音辨识出对方的情绪状态,客服和客户对彼此的认知大多是建立在声音的基础上的。

(一) 如何让声音更"好听"

有些资深客服平时说话可能细声细语,但是一接起电话来说话就变得抑扬顿挫、热情有朝气。这说明我们可以通过一定的发声方法和技巧,调整、改变自己的声音。

在服务过程中,如何"发声"才能增强我们声音的魅力,让客户有更好的服务感受呢?

1. 把控语速节奏

说话太快显得急于结束对话,太慢显得懒散不积极。所以一般情况下,语速要保持适中,还要根据服务对象或场景的变化,灵活调整。

(1) **语速和场景匹配:**

● 遇到紧急性的事件,要适当加快语速,显得和客户一样着急;

● 谈到客户不太明白或者比较重要的内容时,适当放慢语速,给客户时间思考整理。

(2) **语速和客户类型匹配:**

● 遇到年纪比较大的客户,应尽量放缓语速,以便让对方听清楚；

●如果客户是个急性子,即使是不紧急的事件,语速也得跟上对方的快节奏。

总之,就是让自己的语速节奏与相应的场景和客户类型相匹配,这样才能让沟通变得更顺畅。

2. 改善呼吸方式

在声乐界有这样一种说法:谁懂得呼吸,谁就会唱歌。这说明呼吸对发声非常重要。未经训练的人大多是胸式呼吸,发声单薄费力。但是歌唱家、主持人声音圆润清晰,长期说话演唱很轻松,这就归功于用更有利的呼吸、发声方式。

作为客服,日常我们可以多练习腹式呼吸法,让气息变得均匀绵长,声音变得立体饱满。具体步骤为:

第一步:坐着、站着或者躺下,放松身体,让自己处于一个较为舒适的状态;

第二步:将全部注意力都集中在腹部和呼吸上,用鼻子深深吸一口气,持续大概 3—5 秒。尽力让腹部扩充凸起,像气球一样;

第三步:屏住呼吸,1 秒后用嘴巴缓缓吐气,持续大概 3—5 秒,感受腹部像放气的气球一样。

循环重复以上三个步骤,每次大概进行 5—10 分钟的有意识练习,能有效改善发声方式。

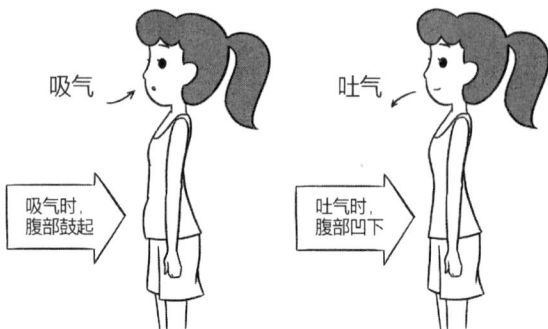

吸气

吐气

吸气时，
腹部鼓起

吐气时，
腹部凹下

图 4-1　腹式呼吸法

3.调整发声部位

不同的发声位置，会带来不一样的效果：

- 头腔发声，声音尖锐穿透；

- 鼻腔发声，声音比较单薄；

- 口腔发声，声音有些浑浊；

- 喉腔发声，声音容易沙哑；

- 胸腔发声，声音浑厚低沉。

　　并不是说哪种发声部位一定好，我们可以结合自己的基础声音，适当调整发声部位，让声音听起来更舒服。如果自身声音比较尖，可以结合低沉的胸腔发声，让声音变得不那么刺耳；如果说话鼻音比较重，可以结合头腔发声，把声音往上拉一拉。

(二) 让客户听到你的微笑

有位资深客服曾说："我在跟客户交流时会带着微笑说话,用温柔的语音把客户带到一个舒缓的情绪氛围中。"虽然微笑无法让客户看到,但是柔和的声音能让客户听到我们的微笑。

如果还没有形成自然的微笑习惯,可以试着进行练习。可以在座席上放个镜子,时不时看看自己在和客户沟通时是否有微笑的表情。也可以放一些家人或偶像带有笑容的照片,我们在沟通中也会下意识跟着模仿,这种放松、愉悦的感觉也会传染给客户。

科学护嗓,避开误区

一天繁忙的工作后,常常感觉喉咙有些难受,声音沙哑,还带着一些疲惫。这提示我们日常要注意科学护嗓,比如常备胖大海、菊花茶等清热解火的茶饮,同时也要尽力避开一些护嗓误区。

1. 过度清嗓子

感觉嗓子难受时,我们会下意识地清嗓子,久而久之形成了习惯。过度清嗓子时,气流会猛烈地震动声带,容易损伤声带。如果觉得喉咙难受,可以小口地饮水或是吞咽。

2. 长期喝热水或冰水

对于客服来说,说话多了难免口干舌燥,这时会来杯热水温暖一下；嗓子有烧灼感，会喝点冰水降降温。长期用嗓，嗓子已经有负担了，温度过高或过低的水都会伤害脆弱的嗓子，最好是用温开水润嗓子。

客服好声音的打造需要日积月累的锻炼和长期细致的保养，这样才能让声音为我们的优质服务锦上添花。

四、专业在于细节

在新员工阶段，我们学习了业务知识技能，掌握了话术，认为自己已经是一名专业客服了，但还是容易被客户质疑："你是新来的吧？"即便没有面对面沟通，客户是如何发现我们的"新人身份"的？也许是我们在服务细节上还不够专业。

（一）不专业的细节有哪些

1. 表达随意

新人客服常被要求背诵规范话术，容易产生这样的疑惑："不就是接电话么，为什么要规定话术？"规范性的表达是为了让客户感觉到专业，避免表达的随意性。

被客户识别出"新人身份"，大多是因为客服没有使用专业的服务用语，太口语化：

● 打招呼常用"喂"；

- 回应中夹杂太多"嗯、啊、哦"等语气词;

- 有习惯性的口头禅"这、那、就是"等。

这些随意的表达里透露着不专业,可能会降低客户对客服专业度的信任。

2. 慌张犹豫

当客户质疑客服提出的方案或建议时:"你确定吗?上次你们不是这样处理的。"新人往往会表现得慌张害怕、犹犹豫豫、自我怀疑。

经验丰富的客服则会以"您放心,确实是这样的!"这种笃定自信的话语回应。即使遇到业务盲区,也能淡定从容地说出"您请稍等,我帮您去核实一下。"表现得坦然自若,不卑不亢。

3. 信息传递不精准

新人对于业务知识或流程的理解不够透彻时,面对客户刨根问底的询问,一般会给出模棱两可的回复,如"一般情况下是这样的,这个我们也不太确定。"客户往往感觉这通电话白打了。

专业的客服要求自己在沟通中谨言慎语,说出去的每句话都要对客户、对公司负责,避免前后矛盾或表达不精准。

服务的专业性往往体现在服务细节上,只有关注服务细节,我们才能变得越来越专业。

（二）如何展现专业性

我们可以从以下几个方面展现服务的专业性。

1. 代表公司的意识

作为公司的客服代表，在工作中要时时刻刻有代表公司的意识，更能向客户传递你的专业性。具体做法如下：

首先，从戴上耳机、打开会话框的那刻起，我们要有意识地提醒自己："我代表的是公司，我在工作中的言行会影响公司的形象。"

如有客服人员在回复客户表扬时说："其实对我个人而言，这都是我应该做的，您的表扬其实是对公司的肯定和认可。"这样的回应中传达了客服人员对公司正面形象的维护。

其次，认同公司价值理念，能提升我们对公司的归属感，更深刻地理解公司的服务要求，并给客户诠释相应的服务理念。

有客服代表说："当在公众平台看到公司的正面或者负面新闻时，感觉好像在说我自己，我想要维护公司的形象。"这就是将个人和公司形象联结在一起。

2. 主动服务意识

被动服务只会让客户觉得理所当然，主动服务才能加深客户的印象。主动服务意识是发自内心地想要帮助

客户,积极主动地为客户解决问题,是作为客服长期锻炼形成的职业习惯。可以从以下两个方面培养:

- **想客户所未想**。客服要预估可能产生的问题,提供相应的解决方案。如客户赶飞机来不及,想办法帮其提前办理值机手续;客户来电预订婴儿票,帮其提前申请婴儿摇篮等。

- **给客户贴心的提醒或关怀**。如提醒客户在出行安全、出行时间、天气变化等方面的注意事项;客户表达身体不适时,给予关怀;考虑客户旅途舟车劳顿,让客户先休息后续再回电。

3. 表达得体

新人在面对客户时,照着流程一问一答会显得一板一眼。平时需要多琢磨,思考怎样的表达方式更大方得体。

当客户表达:"您的声音真好听!"时,大多数客服的回复是"感谢您的认可"。这样回答听起来也没有不适合,但好像又欠缺了点什么。

一位资深客服这样回应道:"您的声音也很有磁性,跟您沟通非常舒服、愉快。"这样的回应方式更为得体,既大方地接受了客户的赞美,又真诚地把赞美反馈到客户身上,给客户留下了专业得体的印象。

"路曼曼其修远兮",从服务的用语、话术,到表达的措辞,这些细节都是客服基本功的修炼,敷衍不得。客服的日常工作看上去重复、琐碎、繁杂，但想要将服务做到更专业，就不能停留在"差不多"阶段。将重复简单的事情做到极致，在细节上凸显专业性，这是职场上迈向专业化的必由之路。

第五讲
如何解读"职场人际关系"

　　初入职场,除了学习新的业务知识和技能,我们还需要建构新的职场人际关系。良好的职场人际关系能促进沟通与协作,提高工作效率和满意度。如何顺利融入新的人际圈子,处理好人际关系中的困扰呢?

点点的职场故事·5 ——————————

　　走出带教对于点点来说,意味着走出了舒适区,迈入了一个全新的阶段。进组第一天,点点就不由得开始紧张。想到要重新认识新同事以及入组以后的绩效指标、忙季的业务压力,点点恨不得能像奇异博士那样拥有操纵时间的能力,让踏入办公室的这一秒无限延长。

　　"点点,你来啦。"点点还在找小组的座席区,就听到有人叫自己。抬头一看,是她新入小组的领班佳佳,正提着水壶和自己打招呼。

在出组的毕业会上，点点已经见过佳佳了。她留着短发，脸圆圆的，给人感觉亲和又干练，看起来比点点大不了几岁。当时听师傅菲菲说佳佳带组很用心，对组员也很负责，点点本来的担心算是放下了。

佳佳将点点领到他们小组的工作区域，看出了她的拘谨，一路上都在找话题聊。到了座席旁，点点看到组里已经来了不少人，正三三两两地闲聊着。有的在抱怨早上的堵车，有的在八卦刚出的新闻。佳佳向组员们介绍点点："这是咱们组新来的小美女李点点，以后大家都是一个团队，点点有什么问题或困难时，大家多多帮助哦。"

点点加入的这个小组，算上领班总共10个人，小伙伴们也热情地跟点点打招呼。由于快到开工时间，来不及多互相交流，领班便简单地介绍了下大家的名字。作为一名资深脸盲症患者，点点特别不善于记名字，这么短的时间很难将名字和脸对上号。点点边收拾座席，边在心里给自己打气："来日方长，新同事看起来都挺友好的，总归能熟起来的。"

佳佳让其他小伙伴先开工，走到点点身边嘱咐道："点点，虽然培训带教期你们已经学到了各个方面的业务流程，但日常工作中肯定还会出现一些你没遇到过的问题。刚进组这个阶段，你不要害羞，有不懂的地方一定要多问，可以问我，也可以问你旁边的人。熟能生巧，等你遇到的问题多了,就知道每种情况下该怎么做了。"

说完,佳佳递给点点一个新的笔记本和一叠便利贴,告诉她如果有容易忘记或者近期抽查比较多的流程,都可以记下来,贴到电脑旁,方便自己时时查看。

佳佳示意旁边一位扎马尾辫的小姑娘暂停电话过来,向点点介绍说:"晓雪的业务能力蛮强的,我让她多带带你,你的座席现在就在我和晓雪中间,有问题你可以及时来问我们。"

佳佳又继续吩咐晓雪:"晓雪,我特意让点点坐你旁边,以后就由你来带点点哦。"

点点没想到进组后又有了一位师傅,一下安心了:"晓雪姐,那以后要麻烦你啦。"

晓雪答应得也很爽快:"没问题呀,领班你就放心吧。点点别跟我客气哦,有问题随时问我。"

因是进组第一天,佳佳告诉点点上午的主要任务就是旁听晓雪接电话,熟悉下工作节奏。

晓雪的座席布置得特别有生活气息,电脑旁的小木架上摆放着小盆的绿植,还有几个萌萌的玩偶。座席的玻璃隔板上贴着各种照片和明信片,大多是当红的男明星,还有不少狗的照片。

晓雪给点点热心介绍道:"这是我们家的柯基,已经三岁了,叫发财,可爱吧。还有,这是我的'前任老公',这是'前前任',这是我'现任'……"

点点憋不住笑了,晓雪找补道:"哎呀,你不觉得工作中间多看看帅哥照片会让心情变好吗?有时也会被客户气到,多看看养眼的照片马上就能消气了。"

点点觉得晓雪真是个"妙人",花痴就花痴,还能找出这么冠冕堂皇的由头。不过她说的也挺有道理的,想着明天上班也带些手办和最近追的番剧的美图,装饰下自己的座席。

点点这边正做着打算,晓雪已经接起了新一通电话。点点边听边拿起笔,以便随时记录。旁听了几个电话后,点点发现晓雪果然是业务骨干,给客户处理问题很高效,语音热情有感染力。入组后的这位师傅很尽责,接线中间会不时给点点讲解一些重要的流程和特殊问题的处理办法。

一晃到了中午,晓雪跟点点结伴在食堂吃饭时问道:"点点,第一天来咱们组,感觉怎么样啊?"

"感觉大家都挺好相处的。对了,咱们领班平时是不是挺严格的呀?"点点其实有点担心跟不上业务进度。

晓雪宽慰道:"她平时看着严肃,其实面冷心热,我们有问题找她从来不推脱。带新人也很细致,有她带你转正肯定没问题。别看咱们领班工作中雷厉风行,生活中可哕了……"

有了晓雪这个八卦小能手,点点觉得要是再多点时间,从当红明星花边小料,到公司里的奇闻趣事,她都能了解个遍,初来乍到的紧张也卸了大半。

午休的时间有限,点点对组里其他伙伴还处在记得脸但名字对不上的阶段。熟悉了入组后电话处理的流程,点点下午便开始正式上线接听了。

头几个电话接得还算顺利,第四个来电的客户是位军人:"你好,我听说军人乘机可以额外带 10 公斤行李,请问可以帮忙办理吗?"

点点没遇到过这个情况,跟客户说道:"先生,您先稍等,我去核实一下。"

"好的。"客户听来倒并不着急。

点点看领班正在处理投诉,另一侧的晓雪正在线上接听。她环顾四周,发现背后的小姐姐刚接完一通电话,要不要先问一下她?

时间一分一秒地过去,客户还在线上等待,点点知道应该赶紧问,但求助的话明明已经到了嘴边,就是难以说出口。

这时,小姐姐忽然在座位上做了几个伸展动作,好似有心灵感应般转过头来。

"那个……"点点抓住时机,发出了求助信号。

小姐姐起身走到点点身边:"怎么了?"

点点的紧张一下放下了，赶紧说了下客户询问的情况。小姐姐拿过鼠标，点开订单界面，有条不紊地告诉点点处理的办法："你这样……然后帮他联系航空公司核实情况，再回电给他。"

经历了这个小插曲，点点意识到，自己每次到了新环境，除了一两个死党外，跟其他人的交往都很被动。今天多亏了热心小姐姐的仗义相助，以后要是再慢热下去，在工作里也容易掉链子。

一、职场人际的破冰与融入

当进入一个新的社交环境中时，可运用的一种重要的社交技巧就是印象管理。我们试图管理和控制他人对自己所形成的印象的过程，称为**印象管理**。

"姜太公钓鱼"的典故就成功运用了印象管理的技巧。姜太公"醉翁之意不在酒，钓翁之意不在鱼""直钩、无饵、离水三尺"表明他想要堂堂正正地实现仕途抱负，而非通过委曲求全、蝇营狗苟换得一官半职。通过这种自我抬高的印象管理策略，他得到了周文王姬昌的重用。

在社交媒体上，我们看到明星拗各种人设，本质上也是一种印象管理。通过"吃货""奶爸""学霸"等容易引发好感度的人设，拉近跟大众的心理距离。

当进入一个新的社交环境时，我们是站在印象输出方的角度，向对方发出友好的信号，让对方更愿意跟我们交流相处，为相互间进一步的认识创造宝贵的机会。我们可以为职场社交做哪些努力和准备呢？

（一）建立有记忆点的个人标签

日常工作和生活中，我们对他人的印象往往是：小王是个护肤达人，小李是个小吃货，小陈很会拍照。这种留下印象的方式就像给自己贴标签，能让他人更容易记住自己。

我们可以从以下角度打造个人标签：

● 你希望别人怎么描述你？

● 在别人的心目中，你希望是怎样的一个人？

标签的本质其实就是与众不同的记忆点。我们可以看看自己在能力、性格、习惯等方面，有没有自己拥有的而其他人不具备的特点。如我们可以成为：

●"说话温柔，总是微笑"的人；

●"很爱讲冷笑话"的人；

●"鬼马机灵，点子很多"的人……

这种看似简单粗暴的方式，其实非常有效。通过打造和管理自己的个人标签，让别人加深对自己的印象，帮助我们开启职场关系的第一步。

（二）适度自我暴露让关系更亲近

有人发愁："虽然和大家都认识了，但还不是很熟悉，好像隔着点什么。"和新的团队伙伴认识的过程是一步步加深的，就像一层一层剥洋葱一样。人际关系如何避免停留在蜻蜓点水般浅尝辄止的阶段呢？

文学家康纳说过这样一段话："有那么一些人，你跟他初次相见，却一见如故，对他的好感随之而来；而又有一些人，跟他相处良久，却对他一无所知。而往往决定让别人喜欢你的其中一个原因之一，就是先要学会自我暴露。"

自我暴露，指的是我们有意识地把相对个人和隐私的信息表露给他人。在生活中，当我们和别人相互分享了自己的小秘密后，心情会畅快不少，感觉与对方的距离拉近了许多。

如何进行适度的自我暴露，帮助我们推动人际关系的进一步发展呢？

● 态度上要真诚。相信身边的小伙伴可以接纳并理解自己的想法。一般来说，在对方自我暴露之后，人们会更加喜欢这些人。

● 内容上要真诚。分享真实可靠、有助于对方理解自己、增加自我吸引力的内容。

一般而言，我们自我暴露时袒露的真诚能让别人觉得可靠安全，并促进对方分享关于自己的信息。当别人分享信息时,也表示了对我们的尊重与信任,促进了双方关系的深入。

自我暴露的分寸需要把握得当,否则也可能容易让对方感觉被冒犯。自我暴露的过程一般是渐进的:

在初期阶段,我们一般会交换比较浅的信息,如兴趣爱好、相似的经历等;

当双方进入更紧密的关系中,交换的信息也更广更深,如相对隐私的个人信息、价值观等,关系也会逐步进入更稳定、更令人满意的状态。

人们很容易对关系好的人有理所当然的期望,但如果别人不愿意自我暴露或者不想听我们的自我暴露,我们需要尊重对方。

(三) 积极参与团建为关系助燃

当我们刚开始融入一个团队时,可能一开始难以将名字和人对上号。这时,我们可以私下做点功课,比如画座位图,按照座位表将同事的名字一一填写上去,这样不出两三天就能快速记住同事的名字。

一般有新人加入团队,领班会组织小组进行团建活动,我们可以抓住这个与大家产生联接的机会。客服的日常工作独立性较高,没有那么多相互合作交流的机会。但在团建时,大家都处于放松休闲的状态,有机会相互沟通了解,可以快速提升熟悉度,拉近彼此之间的距离,让人际关系更进一步。

除了线下活动,还可以通过线上交流增加互动,如:

- 组团开黑玩游戏;
- 线上玩剧本杀、狼人杀;
- 在群内交流热门话题、八卦等。

这些活动进行时氛围轻松,容易打开话匣子,有利于团队小伙伴打成一片。

通过建立有记忆点的个人标签、适度的自我暴露与积极参与团建活动,我们逐渐与团队里的小伙伴从陌生走向熟悉,建立起良好的革命友谊,成为互帮互助的好伙伴。

二、职场中要不要麻烦别人

你是个不愿意麻烦别人的人吗？麻烦别人会让你觉得尴尬吗？

客服的大部分工作都是各自接电话、处理订单,加上年轻人的自我边界清晰,我们常觉得应尽量少麻烦别人。但实际工作中,还是有不少需要麻烦别人的情况,如遇到业务盲点,得麻烦领班给自己讲解;遇到不会操作的复杂订单,得麻烦同事帮忙看看等。

《奇葩说》有期辩题是"不给别人添麻烦,是不是一种美德?"由此可见,麻烦别人是个有争议性的话题。在职场中,我们该如何处理麻烦别人这件事呢?

(一)怕麻烦别人是什么心理?

怕麻烦的心理可能源于以下几个方面:

● 因为我们注重他人的感受,考虑对方是否会舒服。"我这样麻烦别人会不会让他为难?会影响到他的工作吗?"

● 因为我们注重他人对自己的看法、评价,希望在人际关系中给别人留下较好的印象。"这样会不会显得我很讨人嫌?"

● 依赖他人往往意味着自身的软弱无力,我们会认为"麻烦别人就是依赖他人",我们希望证明"我是个独立的人"。

这些想法把麻烦视作太重的负担,其实麻烦别人有时就是一句话的事儿。在团队中主动提出问题,或许会获得更好的解决办法。

在工作上遇到困难时一味担心给别人添麻烦,只顾自己埋头苦干其实是最低效的。不仅事倍功半,还容易产生差错。

有位带团队多年的领班说:"我会鼓励新人主动多问,不用顾虑太多。我也会提醒老员工,多多去帮新人。

我们一个组就是一个团队,有问题要一起解决。"

《奇葩说》中蔡康永总结过:不给别人添麻烦很傻,傻在不懂得"人情是麻烦出来的",傻在不懂得"给别人添麻烦本质是一种协作",傻在"太注重自我"。

(二)突破怕麻烦心理

人与人间建立关系的过程,就像是经典童话《小王子》中提到的驯养关系:

"在我看来,你只不过是一个小男孩,跟成千上万的男孩毫无两样。

我不需要你,你也不需要我。

对你来说,我只不过是一只狐狸,跟成千上万的狐狸毫无两样。

但是,你如果驯养了我,那么我们俩就彼此相互需要。

对我来说,你是世界上独一无二的;

在你看来,我也是世界上独一无二的……"

在职场中,没有人是一座孤岛,我们要通过合作才能完成一些事情。如何突破怕麻烦心理,主动参与社交,建立互帮互助的关系呢?

有人说:"我是个新手,哪有别人麻烦我的时候,都是我麻烦别人。"也有人说:"要是被别人拒绝了,岂不是很尴尬?"

想要让麻烦别人变得容易开口，我们可以主动做一些力所能及的小事：

- 带点好吃的零食和同事一起分享；
- 帮同事小忙，如拿个快递或者外卖等；
- 旅游带些实惠的伴手礼给伙伴们，等等。

所谓"吃人嘴软，拿人手短"，下次请教别人业务问题时，因为接受了你的"小恩小惠"，别人也更乐意帮助你，这就是人际交往中的互惠。

当我们因为相互麻烦走得更近，彼此建立了互帮互助的关系，慢慢地"怕麻烦别人"的心理负担没了，"被拒绝后很尴尬"的担心随之减少，我们也避免了"面对问题，自己死磕"的麻烦境地。

（三）如何恰当地麻烦别人

要恰当地麻烦别人，需要明确哪些事儿、哪些人是可以麻烦的。有些事对于关系好的人来说不是麻烦，对于关系还没到那一步的人来说就是麻烦。如明明是点头之交，却让对方借你几万块，就属于不合时宜的麻烦。

社交心理学家罗宾·邓巴（Robin Dunbar）提出，我们大脑的认知能力有限，只能与大约 150 个人维持稳定的人际关系，这就是经典的邓巴数，它包含以下 4 个层级：

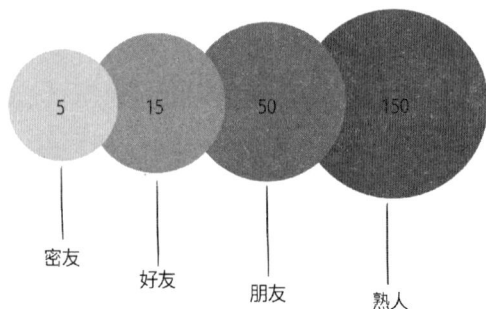

图 5-1　邓巴数（Dunbar's number）

　　在邓巴数模型中，密友和好友属于强关系，也就是我们经常联系、能够第一时间想起来的朋友；朋友和熟人这两层属于弱关系，我们可能对他们并不陌生，但是并不怎么联系。

　　根据邓巴数模型，我们可以在职场中建构不同层次的社会支持系统，从而应对不同的麻烦：

　　"大麻烦"向强关系圈求助，可以获得可靠的支持能量。

　　● 遇到一些业务困难，需要花费对方一定的时间或精力时，可以找团队中的好友协助；

　　● 面临焦虑、压力时，第一时间找到自己的职场密友倾诉，麻烦他们开导。

　　"小麻烦"向弱关系圈求助，可以让我们保持职场关系的开放性。

　　● 初来乍到，对周围的商超地点不熟悉，可以麻烦住

在附近的同事介绍;

- 想养只小宠物,可以麻烦组里养狗的同事给一些小
建议。

不给别人添麻烦是一种美德,恰当地麻烦别人是一
种职场社交技能。当我们麻烦别人后,懂得回报对方,也
就建立起了持续稳定、互帮互助的人际关系。

三、克服玻璃心

在职场人际交往中,我们难免会遇到一些让自己有
挫败感的场景,比如:

你想请坐在旁边的小张帮忙取一下外卖,没想到被
拒绝了,于是你心里耿耿于怀:"我是不是哪里得罪她了,
下次不找她帮忙了……"

你电梯里遇到小组同事小李,热情地跟她打招呼,没
想到对方反应冷淡,你心想:"她是不是不喜欢我?"

你遇到一个业务难点询问领班时,却被反问:"之前
不是告诉过你了吗?"你碰了一鼻子灰后心想:"领班是不
是针对我?"

当遇到类似这些人际问题时,我们要么认为别人对
自己不友好,自己被排斥;要么认为自己不讨人喜欢,不
被接纳,影响到后面与他人的相处。这种心态产生的原

因是什么呢?

我们认为世界、他人应该按照我们的想法运行,我们觉得别人应该主动热情地帮助自己。一旦被拒绝了,我们会感觉很受伤,并认为是他人的原因导致了我们的糟糕感受,这实际上就是在要求别人为我们的感受负责。

(一) 何为"课题分离"

这时,我们可以运用心理学家阿德勒提出的"**课题分离**"理论来帮助我们更好地调整心态。在阿德勒的观点中,人际关系烦恼的根源是分不清楚什么是别人的事,什么是自己的事,导致我们容易受他人的影响。

建立健康的人际关系,就是要分清别人的事和自己的事,建立健康的自我边界,尊重和承认彼此的独立性,承认我们和他人是不同的,为自己的感受负责。

课题分离理论给了我们一个很好的看待事情的角度,很多让人感到棘手的人际问题,如果用课题分离来判断,会让我们豁然开朗。

(二) 区分自己与他人的课题

那如何分辨一件事是谁的课题? 我们可以从下面两个方面来看:

- 考虑"某种选择带来的结果最终要由谁来承担",谁来承担这个结果，那就是谁的课题；

● 考虑"这件事情是否是自己能控制的"，如果这件事不在自己能控制的范围，那就不属于自己的课题。

从课题分离的视角看来，在被别人拒绝场景中，我们与他人的课题分别是什么？

● 我们的课题：是否表达自己需要帮助，以及以哪种方式表达；

● 别人的课题：听到我们请求后，选择如何回应。

如果我们没有区分清楚自己的课题与他人的课题，就容易产生"我得罪她了，下次不找她帮忙"的想法，这会阻断我们和他人之间人际关系的进一步建立。

因为表达需要帮助是我们自己的课题，至于别人要怎么回应，那是别人的课题，我们无法左右。别人的反应无法预测，如果一味考虑别人怎么回应，会限制我们表达自己真实的需要，产生不确定的消极情绪，这时就是将别人的课题当成我们自己的课题了。

不受限于对他人想法的无谓担心，人际交往中的焦虑、担忧、恐惧等负面情绪会自然消失，反而能够促进我们和他人之间建立真实、自然的人际关系。

（三）"这是我的课题"就够了吗

当我们区分清楚了自己与他人的课题，如果在职场人际关系建立时遇到不顺，是不是说一句"这是我的课题"就结束了？显然不是。

在人际交往的过程中，是否选择主动和别人建立起关系，怎么向其他人展示自己，选择怎样的方式跟其他人沟通，这些是我们自己的课题。

当遇到问题需要求助，除了求助本身，用什么方式向别人求助，考虑如何发起求助才能不被拒绝，也是我们自己的课题。

课题分离不是指要逃避问题，而是在认清自己课题的基础上，将注意力放在如何做好自己的课题上。遇到问题，除了自己想办法解决，还要进一步思考如何跟他人打交道获得我们想要的帮助。只有做了自己能做的全部，对于结果尽了自己最大的努力，才能说"这是我的课题，其他人怎么想是其他人的事。"

最后简要总结下课题分离的两个要点：

● 根据结果由谁承担和事情能否控制，区分自己与他人的课题；

● 承担起自己的课题，做到无愧我心。

当我们学会运用课题分离的视角，工作生活中绝大部分的人际困扰都能被化解。我们不会因为害怕被拒绝止步不前，错失发展良好人际关系的可能。

在职场中，并非要求每个人都成为社交达人，而是我们要将处理人际关系的过程视为自身能力提升的过程。每个人内心深处都希望获得温暖、爱、归属感和安全感，妥善地处理人际关系，慢慢提升自己爱的能力，慢慢会收获令自己满意的人际关系。

第六讲
客服人如何稳住自己的"情绪"

在客服的日常工作中,我们每天会接收到来自客户各式各样的反馈,引发各种或积极或消极的情绪反应。我们需要了解情绪产生的机制,掌握科学的情绪管理方法,在繁杂的客服日常工作中,建立起一道健康的心理防线。

点点的职场故事·6

从上手接电话开始,点点就特别担心会遇到脾气暴躁的客户,怕自己应付不来,但该来的还是来了。

这天快下班前进来一个电话,点点刚说了句:"您好,很高兴……"

"帮我转接工号7628!"点点还没说完,客户急躁的话语已经传来,语气有点冲,很有点来者不善的意味。

点点还是温和地询问:"先生,您有什么订单需要操作吗?我这边也可以先帮您看下。"

"帮我转接!"客户重复着这句话,语气变得严厉,隔着电话线都能感受到怒火,好似一点就着。

点点心里咯噔了一下,赶紧尝试帮他转接,但没有转通,只好先安抚道:"先生,非常抱歉,暂时转接不过去。要不您说下您的问题,我看看能否帮您处理?"

客户声音陡然变高:"你看不到我的订单吗?每次打电话都要问,烦不烦!还要核对这个那个,转不通那就再转!你们说好半个小时给我回电,到现在多长时间了?你们就是这么做服务的!让我等等等,你当我是傻子啊?让你的领导来接!快点!"

点点一下被骂懵了,心里慌得不知该如何回应。但是领班正在电话中,于是她给领班比了个"江湖救急"的手势。佳佳看着她点点头,口型传递"我尽快",看来没那么快结束。

电话那头的客户正在气头上,还在不停指责,完全没给点点任何开口的机会。点点只能窘迫地以"嗯""是的""非常抱歉"等这些单薄无力的语句回应。

过了一会,佳佳那边的电话终于结束了,赶紧过来问明情况,把电话接了过去。事件处理结束后,佳佳问点点:"这个客户是对之前的处理结果不满意,等得着急了,态度是挺不好的。你怎么样?没事吧?"

点点摇了摇头。但佳佳看点点的状态多少还是受到了影响，一副被骂蔫儿了的样子，便让她先暂停电话，缓一会儿再继续。虽然点点之前已经给自己做过不少心理建设，但到真正应对这种场景时还是手足无措，大脑一片空白不知道该回应什么。听到客户说你们客服都怎么怎么样时，点点本能地觉得特别委屈。

这天下班周倩原本约了点点一起吃饭，看到点点耷拉着脑袋，有些闷闷不乐的样子，问她怎么了，点点憋在心里的愤懑终于得以一吐为快。周倩拍了下点点的肩膀："我说谁惹了我们的小公主，带你去个地方散散心去。"

点点还以为去哪儿呢，原来是公司附近的小公园。傍晚时分，公园里有三三两两活动的人。周倩拉起点点的手："咱们也跑一跑呗，正好减肥。"

俩人笑闹着跑跑停停，来到了公园里的小湖边。清风阵阵，景色宜人，还能看到夕阳晚照，点点感觉心情一下子开阔了许多。

周倩问："点点小公主，心情有没有好点呀？"

点点假装还在生气："要是天天有这种客户，我可受不了。"

周倩揶揄道："你当你运气这么好呢，这类客户都被你赶上？"

点点问周倩："换作是你，你生气吗？"

周倩点了点头："也会生气啊。但是咱们以后每天接那么多电话,总不能规定只有好脾气的客户才能打我们电话吧。"

点点被逗笑了："说得也是哦"。

周倩望向远处的落日余晖,不禁感慨："你看咱们公司的客户群体这么大,肯定什么样脾气的都有。我听领班他们说,真正不讲道理的客户也是少数,多数还是因为问题解决得不顺利才发脾气的,咱们干的不就是帮他们解决问题的工作嘛。"

点点祈祷道："以后上班前要烧烧高香,保佑我少接到这种电话。"

周倩上下扫了下点点："没看出来啊,你还这么迷信呢。"然后指指自己,"心情不好了找小姐姐我呀,陪吃陪玩一条龙服务。"

点点笑着问："你买单吗? 别不是要敲诈我吧?"说完,勾住周倩的脖子晃起来。

周倩防不胜防："哎哟,我的脖子……"俩人又笑闹作一团。

点点跟周倩约定,以后谁郁闷了要及时找对方排解情绪,不让坏情绪过夜。以前不知从哪儿听说过情绪不好憋着容易得癌症,点点可不想得癌症。白天的郁闷情绪已经在傍晚的湖边一扫而空,点点心里很感谢周倩能陪着自己散心,还找到这么个"秘密基地",工作中的不顺心在自然环境下好像变得不那么大了。

点点想起之前培训课上提到,客服就跟老师、医生一样,付出的是一种"情绪劳动"。客服在每天接的电话里,得跟各种各样脾气的客户打交道,承担所有负面的情绪,并提供正面情绪的回馈。

点点看网上说"人工智能正在快速取代体力、脑力跟风险方面的劳动,剩下的情绪劳动是目前还没有办法取代的,因为人们喜欢跟人直接交流。"点点想,这应该就是客服这个工作的意义和价值所在吧。

一、你"情绪劳动"了吗

客服工作中我们需要频繁跟不同的人打交道,处理各式各样的问题,随之产生各种各样的情绪。被客户表扬了,开心到要飞起来;客户给了差评,又感觉很生气,想发火;看到绩效数据表现不佳,灰心丧气;友爱的同事请喝奶茶,立马又满血复活……

(一) 情绪是客服工作的一部分

有人会问:"情绪起起伏伏好累,我能不能不带情绪工作?"

美国社会学家霍克希尔德（Hochschild）在《组织中的情绪》一书中提道："不管任何工作，只要涉及人际互动，都可能需要我们付出情绪劳动。"情绪劳动是客服工作的一部分。

什么是情绪劳动？简单来说，情绪劳动就是根据公司的服务理念和要求表达相应的情绪。如客服在工作中要微笑服务，表达对客户的热情。

对于客服来说，情绪劳动最大的消耗是，我们自己的真实情绪感受和工作中提倡的情绪并不总是一样的。

比如，可能今天你因为个人的烦恼，情绪有点小低落，但面对客户还得努力做好情绪调节，展现符合客服职业角色的、积极正向的情绪状态。

又比如，客户因事件处理的不顺利而着急，即便我们没有过相同的经历，也得尽力共情客户，体验客户的情绪，感受客户的感受。

由此可见，情绪劳动是客服工作不可或缺的一部分。因为客服工作性质的特殊性，我们不仅需要付出脑力劳动，还需要付出相应的情绪劳动。

（二）任何情绪都有其功能和意义

有人担心："作为一名专业客服，有情绪是不是不太好？"眼科医生陶勇在历经生死后的感悟是"幸福的反义词不是不幸,而是麻木"。当我们麻木到体验不到任何情绪时,才是真正的不幸。

我们感觉"有情绪"这件事不太好,是因为我们常常将情绪与发脾气、影响工作效率等负面的行为结果相联系。

事实上,情绪本身并没有好坏之分。无论哪一种情绪,都有它相应的功能和意义:

● 接电话前的焦虑是在提醒我们,业务知识和技能还有欠缺,得查漏补缺;

● 面对差错的懊恼是在提醒自己,下次处理时会更加仔细认真、考虑周全;

● 被合作商拒绝后的气愤,能激发我们的斗志,使我们的语言表达更加坚定,为了客户的利益据理力争。

(三) 负面情绪管理不到位有何影响

有人疑惑:"既然情绪没有好坏之分,为何我们还需要管理情绪?"

在回答这个问题前,我们先假想一个客服人糟心的一天:

你昨晚没有睡好,起来后和家人因一件小事拌了嘴,郁闷地走出家门;

上班后,第一通电话的通话时间有些长,你有些着急,便和客户争辩了一句,客户直接给了个差评,你觉得今天的运气怎么这么糟糕；

领班让你做差评分析，你想到还有个投诉等着处理，心烦意乱；

后面的接听也不大顺利，你想想一天的经历，身心疲惫，决定不干了……

我们看到，一旦负面情绪没有得到及时有效的管理，累积到一定程度就会产生连锁反应，影响我们的身心健康和工作积极性。

此外，脑神经研究发现，负面情绪会改变大脑的状态，抑制感知他人痛苦的敏锐度，降低同理心。在服务过程中，当客服因客户的言语产生难过、愤怒等情绪时，很难运用同理心去理解客户。只有当自己的负面情绪消失后，我们才后知后觉，懊恼当初没有换位思考，对客户共情。所以，我们在客户服务中需要"先处理情绪，再处理事情"。

在面对负面情绪时，新手客服和有经验客服的区别是：

新手客服容易无所适从、发脾气、指责他人，甚至不想接电话；

有经验的客服虽然同样感到着急，但会认为有情绪是人之常情，不会妨碍他们积极沟通、有条不紊地解决问题。

大脑具有可塑性，当大脑中相同的神经元连接被反复利用,相应的功能就会获得强化。我们不能阻止情绪的产生,但我们可以选择恰当的行为方式应对。通过对情绪管理的学习与实践,新的、健康的情绪应对机制得以建立。

二、给情绪按下"暂停键"

当我们在工作生活中遇到情绪困扰的时候,往往越想控制情绪,越容易陷入情绪的漩涡。

"我本来不想发火,但当时就是忍不住。"

"我越是告诉自己不紧张,越是手抖得不行。"

我们努力控制情绪却总是失败,这其实跟情绪的产生机制有关。

情绪是由我们大脑中最古老的边缘系统所控制的,当受到外界刺激时,边缘系统会第一时间产生情绪反应。随后3到15秒,负责控制理性的大脑皮层才能做出认知处理。

工作中遇到突如其来的客户指责,我们常有两种情绪反应模式:

有些人会感到脑门儿一热,生气愤怒,忍不住想跟客户针锋相对,或不想继续接下去,将电话转给领班;

另一些人则能够理性分析现状,理解客户生气的原因,尽量和客户好好沟通,协助客户解决问题。

前一种模式是任由情绪所驱使，后一种模式则更多地采用理性思考。心理学家乔纳森·海特（Jonathan Haidt）认为，人的情感就像是一头大象，理性就像是骑象人。骑象人需要了解大象的秉性，才能驾驭好情感大象。

图 6-1　象与骑象人

（一）觉察情绪

驾驭情感大象的第一步，是对我们当下的情绪进行觉察与识别。

在遇到引发情绪的事件时，我们可以通过按下"暂停键"，给大脑的理性控制区预留时间，如：

● 做几个深呼吸；

- 给自己倒杯水；

- 离开工作现场，去下洗手间……

如果不能离开现场，我们可以观察自己当下的身体反应与感受。如在被客户指责的场景中，我们可能观察到：

- 自己的肌肉有些紧绷，胸口有些发闷，呼吸有些急促；

- 有个内在的声音在说："这个客户怎么这样，我已经在给他解决问题了，他还这么咄咄逼人，真让人火大。"

当负面情绪产生时，我们要训练自己能够及时觉察当下身体感受的能力，听到此时此刻自己内在的声音。

日常生活中出现情绪小波动时，我们就可以多进行情绪觉察的刻意练习。当我们对这个过程越来越熟练，就能更快地觉察自己的情绪。

（二）辨识情绪

觉察情绪后的第二步，是尝试对当下的情绪进行辨识，给情绪命名：

用言语将情绪细致描述出来，如着急、愤怒、反感等；

判断情绪的程度，如果是 1—10 分，你现在的情绪程度可以达到几分。

命名与判断的过程可以帮助我们和当下的情绪拉开一定的距离，相当于已经在对情绪进行管理了。

明明心里有很多情绪和想法，但当我们尝试具体描述自己的感受时，常感觉词穷，只会用些笼统的词汇来描述，如郁闷、难过、一般等。如果我们没有办法细致地描述自己的情绪感受，说明**情绪颗粒度**比较大。

情绪颗粒度的概念是由心理学家费德曼·巴瑞特（Feldman Barrett）提出的，是一种评估情绪体验丰富性的指标，指的是一个人区分并识别自己具体感受的能力。情绪颗粒度的大小会影响我们对情绪的觉察和管理。

情绪颗粒度小的人，能够使用更丰富的词汇来精准地描述自己和他人的情绪。情绪颗粒度大的人，只能使用一些泛泛的词语来描述情绪，无法挖掘情绪背后复杂而多变的想法，也就无法获取与解决问题相关的信息。问题得不到解决，负面情绪也就无法及时排解。

因此，想要管理好自己的情绪，先要细化情绪颗粒度。

（三）丰富情绪词汇表

我们可以通过看电影、阅读、旅游等方式去积累一些新的情绪词汇，并用笔记本记录下来，形成自己的情绪词典。

描述正向情绪状态的词语：舒畅、振奋、庆幸、顺心、欣慰、淡然、坦然、心平气和、镇定、鼓舞、欢畅、豁朗、怡然、心悦诚服、泰然……

描述负向情绪状态的词语：恼火、心酸、心有余悸、别扭、忧虑、抱屈、心急火燎、难堪、无所适从、失落、消沉、厌倦、激愤、如坐针毡……

尝试将新的情绪词汇精准地应用到对于情绪感受的描述上，如：

- 窝火就比不爽更加细腻生动；
- 快意会比高兴更有层次感；
- 心焦比焦急更有联想的空间……

情绪词汇越多，我们越能准确地识别情绪，进而管理情绪。

（四）写情绪日记

在当天遇到一些事情令情绪起伏，当时的情绪体验可能很清晰，但随着时间的推移，情绪感受会变得模糊。我们可以通过写情绪日记来更好地觉察情绪。

在记录时，要写清楚具体发生了的事情，自己有怎样的情绪，尽量细腻地描述当时的感受。每天具体而清晰化的情绪记录，能帮助我们打磨、细化情绪颗粒度。

表6－1　情绪日记示例

Ｘ月Ｘ日情绪记录	示　　例
发生了什么事情	来电的客户提出一个超出流程的诉求，我没法为他操作，反复跟他解释，但他还是不理解，给了我一个差评，还要投诉我。

(续表)

X 月 X 日情绪记录	示　　例
当时的身体感受	胸闷,心跳加快,喉咙紧,背部有点发热。
当时的情绪感受	委屈——觉得我已经尽力跟他解释清楚了,但他仍不接受,我觉得无能为力; 生气——觉得他提的诉求并不合理,而且他听不进我的解释; 懊恼——如果我早点找领班干预,就可以少一个差评。

　　情绪是由特定的情境引发的。通过一段时间情绪日记的记录,我们会看到自己情绪变化的规律,哪些事情会让我们感到焦虑,哪些事情容易引起我们的烦恼。

　　通过对情绪的觉察与辨识,及时按下负面情绪的"暂停键"。情绪体验越精细,我们就越能有的放矢地管理情绪,与"情绪大象"和平共处。

三、改变认知,调整情绪

　　我们经常认为是外界的事件引起了负面情绪,如客户不接受方案让人郁闷、航空公司强硬推脱责任让人为难、流程复杂更新太快让人焦虑等,由此得出结论:"不是我不想积极乐观,是每天的环境造成的。"

　　先来看一个小故事。

晋朝有一个叫乐广的人，非常喜欢结交朋友。有一天，乐广请他的朋友在家里喝酒。那个朋友在喝酒时突然看见自己的酒杯里有一条小蛇的影子在晃动，他心里很厌恶，可还是把酒喝了下去。喝了之后心里到底不放心，回到家中就生起病来。

乐广得知朋友的病情后，跑到那天喝酒的地方去察看。原来，在大厅墙上挂有一把彩色的弓，那位朋友所说的蛇就是倒映在酒杯中的弓影。乐广立即去向朋友解释了事情的缘由，朋友疑窦顿开，压在心上的石头被搬掉，病也随之而愈。

听了这个故事你可能会想，怎么会有人这么笨，竟然因为弓的影子就被吓得一病不起。其实，这位朋友是因歪曲的认知引发了担忧与恐惧。回观我们的工作、生活，很多不良情绪都来自自己的非理性认知，并不比乐广的朋友高明多少。

假设一个场景，你跟一个同事打招呼，但是他没有回应，你会有何反应？

反应一：生气，他是不是对我有意见，我什么时候得罪他了？

反应二：郁闷，他都不高兴搭理我，我的人缘果然不行。

反应三：无所谓，他应该是没看到我。

由此可见，当我们对同一件事有不同的诠释或评价时,会带来不同的情绪与反应。

认知行为疗法(CBT)认为,人的情绪来自对所遭遇事情的信念、评价或解释,而非来自事情本身。这些信念或认知像是一副眼镜,影响着我们如何看待这个世界,进一步影响我们的行为。要调整不良情绪,我们需要识别引发消极情绪的原因,调整这些负面想法与信念。

(一) 什么是自动思维

如果你想改变情绪状态,那么首先要识别情绪背后的自动思维。什么是自动思维?

小张不小心犯了错,领班在小组会议上说了他几句。小张想:"这么简单的事儿都做不好,是不是我能力太差不适合这个工作?"小张越想越沮丧,下午的接听也不在状态。

在这个情境中,小张沮丧的情绪并不是由犯差错直接造成的,而是他认为自己"简单的事儿没做好就是能力差"的想法所引发。**这种个体在经历某个事件后,头脑中自动产生的某种想法或观念就是自动思维。**

美国临床心理学家贝克(A. T. Beck)说:"自动思维不仅见于有心理痛苦的人,事实上,每个人都有自动思维,但大部分时间我们是意识不到它的。"如果我们想要调整消极情绪,第一步就是要找到引发消极情绪的负向自动思维并予以改变。

（二）如何识别自动思维

当发现自己的情绪有明显变化时，我们可以问问自己："刚才我脑海中的想法是什么？"这时可以通过识别自动思维的三栏表进行练习，将引发情绪变化的自动思维抓取出来。

表 6-2　识别自动思维三栏表

事　件	自　动　思　维	情　绪　反　应
写下具体发生的事情。	写下当你感觉情绪变化时，脑子里闪过的想法是什么。	写下你的感受和情绪状态，如担心、生气、沮丧……

以犯了差错这个场景举例，试着填写差错场景自动思维三栏表。

表 6-3　差错场景自动思维三栏表

事　件	自　动　思　维	情　绪　反　应
因为搞混业务流程，犯了一个差错。	简单的事情都做不好，代表我的能力太差，不适合这个工作。	沮丧、郁闷、自责

我们的大脑经常遵循"简单化"的原则，遇到问题时随时会产生大量的自动思维，但常常让人难以觉察。通过三栏表的记录，我们可以顺着情绪线索找到情绪背后的想法，将这些自动化的思维带到意识层面。

（三）常见非理性的认知

上述例子中，小张在遭遇差错或差评后，立马浮现出"我很差劲，我能力不行"这样的自动思维。然而事实真的是这样吗？

在工作中，我们可能有表现不好的时候，但肯定也有表现好的时候。一旦工作表现不佳，自动思维太快地浮现，我们就完全忽视了自己表现好的时候。这个自动思维之所以产生，其实是因为根植于头脑中的一种非理性认知——"只要我一件事情没做好，我便一无是处"。

我们在生活中会接收到一些中性的、积极的和消极的信息，非理性的认知就如一副有色眼镜，过滤我们接收的各类信息：

● 只接受符合这些非理性认知的信息；

● 歪曲一些本来是积极的信息，把它们变成中性的信息甚至是消极的信息。

因此，如果要管理负面情绪，减少消极自动思维，我们需要先识别非理性认知。有哪些常见的非理性认知？

1. 绝对化推论

定义：对世界、他人或者自己的绝对化要求，绝对化就是不允许有例外，必须按照设想的要求做，通常与"必须""应该"等词联系起来。

举例："我必须事事做到完美""客户都应该对我的服

务满意"等。

不合理之处：我们不可能做到事事完美，也不可能获得所有人的认可。

2. 过度化推论

定义：以偏概全，常常会因为一件事没做好，就觉得自己一无是处，产生严重的自我贬损。

举例："我这个月没拿到优秀，我在工作上太差劲了，一事无成。""如果我没有做到完美，那我就是一无是处。"等。

不合理之处：只因为某一方面的行为表现对自己全盘否定。

3. 糟糕化推论

定义：一件不好的事情发生，就觉得整个世界崩塌了，越想越糟糕，由此产生惶恐、焦虑的情绪。

举例："客户给了一个差评，这个月绩效完了，完全不想努力了。"等。

不合理之处：将某件事的负面后果夸大，带来消极、悲观的情绪。

以上这三种非理性认知我们每个人都遇到过，它们的共同点是只关心头脑里的想法，却忽略了客观现实。我们可以通过理性的思考，调整这些非理性认知，建立新的情绪反应。

4. 驳斥非理性认知

结合认知行为疗法中的苏格拉底式提问技术，我们设计了一个针对非理性认知的"证据检验表"，帮助我们驳斥非理性认知。当我们识别出非理性认知引发的自动思维后，可以按照表格问问自己以下几个问题。

表6-4　证据检验表示例

事件：我被反馈了一个差错		
想法：我真差劲，这个月绩效完了，努力没有用了		
情绪：难过、无力、自暴自弃		情绪等级评估(1—10分)：7分
检验一	**支持该想法的证据**	**反对该想法的证据**
	绩效受到影响，担心会垫底	维护好其他指标，还有机会拉高整体绩效
	犯这么低级的错误，证明我能力不行	这次是个偶然，并不能说明我工作能力不行，工作的其他方面我表现得还可以
检验二	**有没有别的解释或观点**	
	那几天没休息好，头昏脑涨	
检验三	**最坏会发生什么？如果发生了，我能如何应对？**	**最好的结果是什么？最现实的结果是什么？**
	这个月绩效垫底，但我可以下个月继续努力	我其他指标做到优秀，获得额外表扬，抵消差错的影响

检验四	如果是我的朋友处于相同的情境,他会怎么想? 我会对他说什么?
	一次差错不能说明你就是个差劲的人,这样太武断了。想这么多也没什么用,先好好接电话吧

对照表格中的问题,我们可以对当前的情境做出更理性、客观的评估。区分想法与事实,打破消极自动思维的恶性循环,阻止大脑的非理性思考,由这些非理性认知引发的消极情绪也随之减少了。

(四) 建立积极认知视角

有一位老妇人,她有两个儿子,大儿子以做伞为生,二儿子以染布为生。于是老妇人天天担忧:晴天大儿子卖不出伞,雨天二儿子不能染布。后来,一位智者告诉她:"如果你换一种角度,你就能彻底消除你的忧虑。晴天你应该为二儿子能多染布而高兴,雨天你可以为大儿子能多卖伞而高兴"。于是,这位老妇人每天变得非常快乐,生活过得越来越轻松。

任何事情都有正反面,原先非理性的认知模式让我们总是以消极的角度看待事物。当我们驳斥了大脑中的非理性认知,可以尝试用积极的视角取代消极的视角。

我们以犯错的场景为例:

消极视角：简单的事情都做不好，代表我能力太差，不适合这个工作。

积极视角：人人都会犯错，在这件事里我可以学到什么？

再看一个生活场景的例子：

消极视角：昨晚没睡好，今天的舞蹈课不想去上。请假的话感觉自己很不自律，因为不好意思拒绝老师，勉强自己去又有些不情愿。

积极视角：按时上课代表自己很自律，请假代表自己有勇气尊重自己的感受，能够自我关怀。

通过视角的转换，聚焦于当前情境中有希望的一面，赋予我们积极的行动力。建立积极的认知模式，让我们不再滞留于消极无力的想法中，不再陷于抱怨、自责的消极情绪中，更能获得自我肯定，更有助于问题的解决。

第七讲
如何让服务有温度

客服每天都需要和各种各样的客户或者合作伙伴沟通,沟通能力是客服人最为重要的能力。我们应该如何修炼沟通技巧,让客户感受到服务中的温度呢?

点点的职场故事·7

晓雪之前跟点点传授工作经验时强调,接电话时要多注意自己的语音语调,让客户感觉亲切又热情。其实点点觉得自己在这方面还是有些天然优势的,本身说话就有点嗲,声音也甜,对待客户也算耐心。

在基础业务已经掌握差不多后,点点感觉自己最需要提升的还是沟通能力。每天这么多通电话里,客户的需求、情绪状态、性格特点各有不同,时不时就会踩到莫名的雷点,可能因为沟通中某句话表达得不当,就引发了客户的不满。

一天下午，一位中年男士来电："我有两张重庆到上海的机票，半个月前就退票了，退款怎么现在还没到账？"

点点让客户稍等下，查询到他的退票显示还在处理中，需要转给后台专员核实，便安抚客户道："这边会帮您核实情况，最晚 3 个工作日联系您告知结果。只要核实到航空公司已退款，我们这边马上帮您操作，您不用太担心。"

客户一听要等急了："你们说起来挺轻松的，只会说不要担心，事儿不在你头上你不急。我这边好多你们公司的机票，信用卡也要到还款期了，还要让我再等 3 个工作日？"

听客户来情绪了，点点忙安抚道："先生，我理解您的心情，您这个情况……"话没说完，就被电话另一端的客户直接打断："你理解什么理解，你们处理快一点，我都打过好几次电话了！"

点点被客户怼得无言以对，挂完电话后去跟领班请教这个订单的处理情况，纳闷地问："刚刚我说'理解您的心情'说错了吗？怎么感觉客户听完这句话后更生气啦？"

佳佳问："你是觉得这句话应该挺能表达同理心的，但为什么客户是这个反应？"

见点点满脸疑惑，佳佳提示道："我们平时有事会找淘宝或者 10086 的客服吧？你回想下，当客服只是告诉你'我理解你的心情'时，你是什么感受？"

点点回忆起过往自己跟客服打交道的经历："嗯……好像也并没有被理解的感觉，反而会有种逆反心理，就是'我有这么容易被理解吗？'"

佳佳点点头："咱们客服在沟通中是比较强调同理心，但不是说一句'我非常理解您的心情'就够了。这个话术各行各业的客服都在用，客户差不多也对这句话免疫了。"

点点理解了佳佳的意思，但心里的困惑不减："既然不能说这句话，那该怎么表达才能让客户感受到被理解呢？"

"其实也并不是这句话本身的问题，同理心的表达并没有什么标准话术。"佳佳和点点一起思考，"像是你今天遇到的这位客户，上来就很有情绪。咱们之前做案例分享时也说过，客户在有情绪的状态下是不能冷静思考问题的，先要安抚好客户情绪，才能更好地处理问题。当问题还没沟通到位我们就脱口而出'我理解您的心情'，在客户听来更像是带有目的性的'同理心'，感觉你就是在敷衍我。"

"我肯定不是这个意思呀。"点点感觉被冤枉到了。

"说者无意，听者有心嘛。"佳佳顿了下，"要说表达同理心的技巧嘛，倒也不是没有。"

点点忙竖起耳朵："那该怎么做呢？"

佳佳继续为点点分析："之前部门开展的培训课中讲到过一个技巧，'重复'客户的情绪与事件。就是当遇到这种情境时，可以将我们理解的客户遇到的问题以及感受到的情绪向客户做一个反馈。"

佳佳尝试给点点举了个例子："比如可以试着先这么说，'我看到您为这件事来过很多次电话，确实退款周期长对您还信用卡有影响，等了这么多天退款还没到账您也特别着急。'这就是对客户遇到的事件和情绪都做了反馈。然后你再说'如果换作是我肯定也特别着急，我很理解您现在的心情。'当客户感受到你真正了解他的处境，就会更相信你会尽心替他处理目前的问题。"

最后，佳佳又补充道："这个技巧不是说让你作为一个套路去使用，练习同理心的最好方法不是死记硬背话术，而是先稳住心态，不要着急解释。学会先理解客户的感受，再感受自己的感受，最后试着表达出来。真诚的表达才是最能打动人的。"

点点平时生活里特别不擅长安慰别人，朋友遇到糟糕的事情难过时，急着想安慰对方，点点也只会说"没事的""想开点"，效果也往往适得其反。

什么才是真正的同理心呢？听了领班今天的话，点点似乎明白了一些，但又没有完全明白。不过点点起码知道了不要为了表现自己理解对方着急地说一些套话，而是应该真诚、具体地说出对对方处境的理解，或许能让对方在情感层面更易于接受。

一、成为沟通高手

客服是一份靠嘴吃饭的工作，沟通能力是客服人最需要修炼提升的能力。故事中的李点点有声音甜美的天然优势，但要成为沟通高手，只有嘴甜并不够。

在跟客户的沟通中，我们可能会遇到这两种情况：

● 兢兢业业地按照流程服务，能帮客户做的都帮他做了，但客户并不满意；

● 没能给到客户理想的方案，但客户却说："这事儿没有解决，我也不怪你。我觉得您的服务还是挺好的，我很满意。"

为何会产生这样两种不同的结果？这要从如何达成服务的目标说起。

（一）服务中沟通的目标

我们常说"服务是为客户创造价值"，服务能够创造的价值是什么？换个说法，通过我们的服务，客户可以获得什么？

服务的首要价值是解决客户的问题，但我们不可能达成客户的所有诉求。当问题暂时无法解决时，就得要体现服务另一方面的价值，即让客户对服务的过程满意，也就是为客户提供"情绪价值"。

每一通来电的背后，客户除了期待自己的问题能够获得解答，还期待着电话那头的客服能够尊重自己、重视自己、倾听自己、理解自己。虽然客户往往不会直接表达后一种期待，但如果这一层的诉求获得满足，我们便可以赢得客户发自内心的认可。

作为客服，我们与客户的沟通并非是要"赢了客户"，更为重要的是要维系好跟客户之间良好的关系，即"赢得客户"。

因此，我们掌握沟通技巧、提升沟通能力，一方面是为了和客户的沟通更加顺畅，让问题更快解决；另一方面是希望通过沟通中良好的互动，让客户有好的服务感受。

（二）沟通能力的修炼之路

如何在日常的服务工作中提升自己的沟通能力？

新人客服常见沟通问题大多表现为以下几点：

- 表达方式单一、重复机械化；
- 表达中的说服力不够；
- 容易被客户的情绪带跑偏等。

以上问题有些随着业务知识熟悉度的增加，就能得到解决;有些则需要通过不断学习沟通技巧、提升沟通能力才能有效解决。

也许有人说:"我也试着听过优秀员工的录音,看过被表扬的案例,确实有值得借鉴的地方。但是到自己接电话的时候却又不会用了。"我们如何看待"一学就会,一用就废"的情况?

首先,沟通的方式并不唯一,每个人都有属于自己的沟通风格,并不存在一套放之四海而皆准的沟通法则。但好的沟通者是灵活变通的,能够在不同情境下,根据不同的沟通对象调整自己的沟通方式,选择恰当的反应。

其次,学习本身有阶段性,并不是一蹴而就的。客服新人对技能技巧的学习,大致分为两个阶段:

笨拙练习期——意识到自己沟通表达单一、机械化,于是通过听录音、看书或参与培训等方式,学习新的沟通技巧。随后在工作中尝试运用,但是开始的时候有些生硬、不熟练。

熟练整合期——持续练习,慢慢变得恰当自如。在遇到相关场景时,能自然而然地运用所学知识和技巧。

这两个阶段是能力提升的必经过程。结合具体的目标与方法,坚持练习,复盘改进直至熟练掌握。每个人都有机会多维度地拓展沟通技巧,成为更有效的沟通者。

二、营造正向的沟通氛围

有这样一个服务案例：

客户因为产品售后维修需要将原来购买的产品寄回厂方，客服告知客户按照规定快递费用需要客户自己承担。

客户听了明显有些不乐意："你说什么？要自费？那有没有别的办法呀？我亲自给您送去呢？"

客服回应："您送过来也不太方便吧。"

客户立马回道："我不远，我在北京，现在交通方便，送到上海大概要走几天啊？我们单位不让花快递的钱，要退就得自己送过去。"

听到这样的回复，我们大多数人会觉得客户说话不着调，也都能猜到客户的意图，就是不想支付快递费用。这时不同的客服会有不同的回应：

"要不您找公司的财务再商议下，我们可以给您开具发票报销。"

"不好意思，我们也没有相关接待人员。"

"两地距离太远，寄回来也不现实，交通费都不止这个钱。"

这些回复看上去都挺有道理的，符合事实，但是充满着谈判、较真的意味，容易导致沟通双方陷入僵持不下的局面。即使最终问题解决了,也会给客户带来不好的体验。

如何让沟通既能解决问题,也能让客户有较好的服务感受？我们来看另一位客服的回复：

"我理解您的意思,正常情况下是需要咱们客户自行将产品寄过来的。要不这样吧,因为您也是我们的老客户了,快递费也没多少,您先垫付。后续您付了多少钱,到时候我们再给您退回。"

客户听完语气马上就变得热情了:"感谢您,还是你的服务比较好,我要给你表扬。"

相对于前面几个符合事实依据的回复,最后一个回复似乎更有"魔力",让沟通得以继续。这怎么做到的呢？

其实客服看似简单的几句话,却包含了很多"正能量"。如:

"我理解您的意思"这是表达了对客户诉求的理解;

"正常情况下是……因为您也是我们的老客户"体现了对客户的肯定与重视;

"没多少钱,您先垫付,后续……"是暗示对服务关系的相互理解、信任与合作。

这些回应表达了客服与客户之间非对立的立场,让原本有些紧张、对立的沟通氛围一下子就变得轻松、友善了,既解决了客户的问题,又照顾了客户的面子。

这些其实就是正向沟通氛围的体现。所谓沟通氛围,它就像聊天的背景板,会影响到沟通的整个过程。作为员工,你是希望在充满批评和怀疑的消极氛围下工作,还是在充满鼓励和支持的正向氛围中工作? 我们自然更愿意选择后者。

同样在服务的过程中,我们的客户也更喜欢友善、放松的沟通氛围。这时他们的防备心更低,愿意更直接地表达自己的想法和需求。我们作为客服,能更高效地理解客户诉求,解决客户问题,做到真正替客户考虑。

沟通氛围就像天气,是实时变化的,贯穿于沟通的整个过程。我们需要从沟通的细节中营造正向的沟通氛围,让客户体验到有温度的服务。

三、倾听,不只是听见

善于倾听是我们做好服务的关键。可能很多人会觉得倾听是一项比较简单的任务,但事实并非如此。

你的倾听能力如何呢? 我们可以通过以下几个小问题来评估一下。

- 除了听客户表达的内容,你能听出客户表达之外的情绪吗?
- 你能在沟通中集中注意,一直跟着客户的思路吗?
- 你能留意到自己在沟通中先入为主的偏见吗?

● 当客户说到你觉得是误解的内容时,你能克制住自己不打断纠正吗?

通过这几个问题你可能会发现,专注而高效的倾听是一件相当费力的事,通常我们很难每次都做到。

如何提升倾听能力? 我们可以结合一个客户沟通的场景,来看看沟通中的倾听需要注意什么。

客户:我在你们这买了 2 箱洗衣液,快递直接把东西放在了家门口,也没联系我签收。我打开发现送的是一箱牛奶和一箱洗衣液。之前联系你们这边说会给我补发,但这么多天过去了,怎么还没发出来?

客服:好的,这边看到订单记录确实发错了,多发的您可以自行处理,没有收到的您现在是要退款吗?

客户:不是,我没想退款,就是问一下什么时候补发?

客服:您这个问题需要物流认责才能补发,但目前快递没有认责,不能给您补发。

客户:那你的意思是要我找快递还是怎么? 这不该是你们的事吗?

客服:我们已经核实了,物流没有认责,因此不能补发。

客户:那你意思是这个问题不能处理了? 我……

客服打断:先生是这样,我们这边规定……

客户强调:你听我说完好不好? 这又不是我的责任,我之前都说了快递没有联系我就把东西放在我家门口了,现在出了问题,还要我找快递吗? 快递不是你们的合作商吗?

客服:抱歉,这个我可以再次帮您核实一下。

客户:我不需要你的核实,我要挂电话了……

上述案例最后客户之所以不太愉快,原因是:

● 客服错误理解自己诉求,将补发的要求误认为是要退款;

● 客服执着于按照规定处理问题,一味解释却未主动提出解决方案。

上述案例是客服的倾听不到位引发了客户的不满。倾听不只是听见,我们可以从以下几个方面做好倾听。

(一) 专注倾听

当客户对于问题的描述比较冗长时,我们听着听着会容易走神;或者客户有多个诉求时,我们容易遗漏客户的需求点。在上述案例中,客服只听到了客户反馈货品少发了,但未听到后面要求补发的诉求,导致客户需要重复说明问题。

当客户表达的内容特别多时,我们可以尝试下面几个小技巧帮自己保持注意力:

● 简单记录重点信息,以免遗漏;

● 在心里快速复述客户刚刚说的内容。

（二）耐心倾听

客服行业有个有意思的现象，新员工的好评率有时比老员工还高。这是为什么呢？

我们可以尝试换个视角看待"慢"这件事：

● 对于少数着急的客户，会觉得新员工处理事情慢，耽误时间；

● 对于不是那么着急又看重服务的客户，老员工过于快速地提供方案，客户可能会质疑客服是否真的理解了自己的诉求，新员工的慢反而被视为在耐心倾听自己的问题。

作为新员工，我们在工作中要突出展示自己服务耐心、真诚的一面。我们工作的最终目标是让客户有好的服务感受，为客户解决好问题。当暂时不能提供问题的解决方案时，可以征询客户："这个问题我们需要再查询下，确认好后再给您回复。"当沟通中的真诚与耐心被客户感知，客户也能够感受到更为用心的服务。

（三）避免打断客户表达

在沟通时，有时我们会因为着急向客户解释问题、提供解决办法或者纠正客户错误理解而打断客户的表述，引起客户的不快：

● 客户想说的没有说完，觉得客服不想听自己表达，打断插话的行为不礼貌；

● 即便我们从专业角度解释了事情的原委,但客户仍会感觉这种解释只是为了回避责任。

前面关于补发产品的场景案例中,当客服解释不能补发产品是因为物流未认责,客户听完不能接受,立刻反驳不是自己的责任。这种解释不仅没能让客户信服,反而让沟通中的矛盾升级了。因此,沟通中让客户完整地表达完自己的想法和感受非常重要。

(四) 鼓励性反馈

新人客服在接听的过程中只是在静静地听,没有对客户的表达做出一定的反馈。这会让客户感觉客服没有认真倾听,从而引发不满。

在与客户沟通中,你认为自己听懂了并不重要,而是需要让客户感受到你认真听了。倾听意味着多听少说,展现我们对对方所说内容的兴趣。我们听得越多,意味着客户表达得越多,我们获取的信息也越多。

由于客户在电话的另一头没办法看到客服的表情,我们可以及时给予一些回应:

● 回应"嗯""我了解""明白""是的"等;

● 重复对方刚刚说过的最后几个字。

让客户知道我们正专心地听其表达,从而鼓励客户继续表述。

卡耐基曾说过："如果希望成为一个善于沟通的人，那就先做一个愿意倾听的人。"每个人都想要被听见，良好的倾听能够帮助我们更好地建立客户关系。即便客户有误解或不满，通过有效倾听，我们可以更全面地理解客户的诉求，才有机会从更多角度提供让客户满意的方案。

四、沟通中如何表达同理心

说话是一门艺术，我们在掌握这门艺术的过程中可能会遇到一些难题。如"我理解你的心情"这句话并不能有效地安抚客户的情绪，有时甚至会起反作用。这时需要我们善于换位思考，并能在沟通中表达出我们对客户的同理心。

或许有人会疑惑："同理心不就等于换位思考吗？"其实，换位思考和同理心是有所区别的：

● 换位思考指的是"设身处地"地思考，是指我们能否了解客户的想法、需求、利益；

● 同理心指的是"将心比心"地体会，是指我们能否体会客户的内心感受。

我们需要先做到换位思考，再通过同理心式的表达，让客户感觉到我们与其立场一致，推动双方的理解与合作，从而达成理想的沟通效果。

(一) 换位思考

我们来玩个游戏,这个游戏只有三个简单的指示,你只需跟着指示做,不需要过多思考。

指令一:你习惯用哪只手,左手还是右手?

指令二:用你的惯用手非常迅速地打五次响指,开始——1,2,3,4,5。

指令三:把你的手指指向你的额头,写一个大写的 E。

你写出的结果是以下哪种?

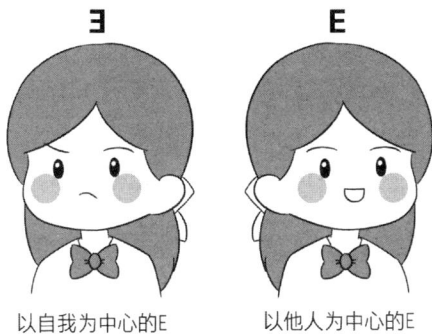

以自我为中心的E   以他人为中心的E

图 7-1 不同视角下的 E

图 7-1 左侧是面向自己画的,是基于自己的视角,以自我为中心画出的 E;

右侧是面向对方画的,是站在对方的视角,以他人为中心画出的 E。

要画出以他人为中心的 E，其实是需要一个有意识的切换：

第一步，想象自己坐在对面的位置；

第二步，想象对方眼里的 E 是什么样；

第三步，依据对方眼里的 E 一笔一画地描绘出来。

以上画出以他人为中心的 E 的过程，其实就是换位思考的过程。换位思考是指设身处地地为他人着想，即想人所想，也就是站在客户视角思考。

将其用在客户沟通中，就是通过客户的眼睛去看事件的整体情况、问题产生的原因以及客户的利益和需求。理解客户此时的想法是什么，最担心的是什么，期待获得的是什么，从而描绘出客户眼里的 E。

换位思考并不是我们天生就擅长的，但是我们可以通过练习熟能生巧，将有意识的技巧发展成新习惯，自动地从客户的视角看问题，进而成为一个更好的沟通者。

（二）同理心式表达

在客户服务中，以下两个技巧可以帮助我们在沟通中更好地表达同理心。

1. 重复技巧

生活中我们会观察到，路边散步的情侣，一般会迈着同样的步伐；见面交谈的朋友，往往会采用同样的坐姿。

这些相似的行为其实就是重复，核心是**模仿**。上述现象其实是沟通双方在发出信号，表明双方开始建立起一种和谐信任的关系。

在日常沟通中，使用重复技巧能给我们带来意想不到的效果。

有研究人员找来一群服务员，要求他们用"非常好""没问题"等赞同的话述回答客户的话；又找来另一群服务员，只让他们简单地重复客户的要求。结果发现，使用"重复"方法的服务员比赞同回答的服务员平均多得了70%的小费。

在与客户沟通中，我们也可以尝试使用以下重复技巧：

如遇到客户很生气，我们可以说："先生，我听到您对之前的……不满意，如果我遇到这种情况，也会很生气。为了更好地帮您解决目前的问题，咱们要不看看……"

如客户一顿发泄后，我们可以将客户说的内容用自己的语言反馈给对方："为了使我理解准确，我和您再确认一下……您认为我理解的对吗？还有什么，您接着说。"

2. 标记技巧

一个小朋友从幼儿园回来后闷闷不乐，妈妈问孩子："怎么了？今天发生什么了？"

孩子一直不作声，直到妈妈换了一句话："宝贝，你看起来不太高兴啊。"

孩子终于回答道:"今天我的棒棒糖被抢走了!"

"你的棒棒糖被抢走了?"妈妈重复了孩子的话。

"是,豆豆说我的糖好吃,非要和我换……"孩子滔滔不绝地讲起了幼儿园发生的事。

这个场景中妈妈的那句"你看起来不太高兴"一下子就打开了话题,引出了孩子的"控诉"。这个过程就是标记情绪的过程,是通过评估他人的情绪情感并给其命名,然后表达出来。在沟通中,当对方处于负面情绪中,标记有助于削弱消极情绪;当对方处于正向情绪中,标记有助于巩固强化积极情绪。

当我们感知到客户情绪微妙的变化,可以用标记技巧引导对方深入沟通:

- 一般使用"看上去""听起来""似乎"等中性词语开头;
- 鼓励对方给予反馈,不妄加评判,表达尊重;
- 引导客户多说,让客户透露更多的信息。

换位思考与同理心式回应,重点不是要完全赞同对方的说话内容和情绪表达方式,而是让客户感受到我们在努力地理解其需求和感受,从而更愿意和我们继续沟通,从合作的角度共同商议问题的解决办法。

第八讲
如何把话说到点子上

在服务中,高效的沟通需要我们准确把握客户诉求,把话说到点子上。适当利用一些说服模型,掌握有关决策的规律,可以让沟通越来越高效。

点点的职场故事·8

在客服的岗位上工作了几个月后,点点尝到了客服工作的"百般滋味"。在做这份工作之前,点点眼里的客服就是单纯地接电话,没想到上岗后要学习这么多业务知识与流程,还要不断磨炼和提升自己的沟通能力。

在领班佳佳和晓雪的提点下,点点在服务中越来越能从客户的角度考虑问题,服务的好评率指标逐渐提升,但是电话的通话时间还是一直比较长。正好这两天业务不算忙,佳佳抽空旁听点点电话,帮她想想如何减少通话时长。

在佳佳旁听的过程中,点点遇到一位要去外地探亲的老人:"我和老伴儿要去海南探亲,但是现在航班被取消了,这可怎么办呀?"

点点看到老人的订单显示航班变动,马上安慰老人:"您别着急,我帮您查询有没有可改签的航班。"

点点查询之后,将可改签的航班时段一一报给了老人,老人说:"不好意思啊,小姑娘,我们也没太坐过飞机,之前的票也是我孩子帮订的。他们工作忙,我也不想烦他们,你能帮我介绍下各个航班的区别吗?"

点点耐心地说:"当然行。"随即一一给老人介绍了各个航班在机型、用餐、出发到达时间上的区别。老人听完后表示:"谢谢你,我跟我老伴儿说下情况,你稍微等我下。"

点点依然耐心地说道:"没关系,我等您。"

在等待的间隙,佳佳示意点点接下来换她接听。老人再次询问时,佳佳先说明了自己作为老员工将继续为他服务。老人表示想从点点开始提供的两个航班里做取舍,佳佳提示道:"这两个航班的机型都差不多,您看哪个时段更适合您出行呢?"

老人说:"我们其实也不赶时间,两个时间都行。"

佳佳点开机票查询的界面查看,比较了下新票的价格,告诉老人:"我这边帮您看了下,后一个航班的新票的价格比较低,如果退票重新订的话,比您直接改签更划算,可以节约几百块钱。"

客户一听还能便宜,很开心,还是担心地说:"我们之前的票是孩子帮订的,重订的话自己不太会操作,怎么办呢?"

佳佳建议:"我跟您同步操作,有不清楚的地方您随时问我。"

随后,佳佳便跟客户一起同步操作,告诉他每个步骤的注意事项,直到支付成功。新的航班出票成功后,佳佳估计着老人肯定也不知道怎么在线值机选座,帮他们提前选了座,将原来航班的退票事宜也处理妥当。

最后老人道谢道:"不好意思啊,小姑娘,我们也没搞过这个,对机票订票的过程确实是不太懂。为了帮我们订票,耽误了你们这么长时间。"

佳佳回应道:"不客气,这是我们应该做的,祝您旅途愉快。"

这通电话收线后,佳佳跟点点一起总结道:"点点,你在跟客户沟通的过程中,优势是很有耐心,对客户提的问题也都做了很详尽的回答。但像刚刚那通电话中的客户,你可能会发现光有耐心可能还是迟迟解决不了他的问题。你给了客户几种方案,不辞劳苦地给客户解释不同方案的优劣,但是客户还是很纠结。其实对于自己不了解的领域,客户是很希望获得一些来自专业人士的建议的。"

佳佳看点点若有所悟,继续说道:"我们在服务过程中,除了尽职地解决问题,还要承担起专业顾问的角色。之前我跟你强调过,服务要用'心',要让客户有好的服务感受。现在我要跟你提一个更高的要求,服务的过程还要多用'脑',帮客户分析比较,多想一步,才能高效地帮助我们的客户。"

最后佳佳提示道,光会解答问题并不能体现我们的沟通能力,可以多把握一些客户决策规律和说服技巧。点点在明确了自身问题后,很有学习劲头,有空便看起佳佳推荐的线上课程。

听了佳佳的建议,点点获益良多。好的服务,不但要用"心",还要用"脑"。职场中的成长就像升级打怪,在突破关卡的过程中,自身的能力也获得了循序渐进的提升。

一、准确把握需求,避免先入为主

从前有个人丢了一把斧子,他怀疑是邻居家的儿子偷了,便暗中观察。看那人走路的样子,像是偷斧子的;看那人的脸色表情,也像是偷斧子的;听他的言谈话语,更像是偷斧子的。总之,他的一言一行、一举一动都像是偷斧子的。不久后,这个人在翻动他的谷堆时发现了斧子。第二天他又见到邻居家的儿子,觉得他的言行举止没有一处像是偷斧子的了。

上述故事是成语"疑邻盗斧"的由来。这则故事告诉我们，带着预设、成见去观察，会歪曲客观事物的原貌。

在日常工作中我们也容易产生各种"误判"，尤其是对于客户需求的"误判"。在没有完全了解事实前，就代入了先入为主的看法，无法准确理解客户的问题与诉求，可能导致在后续沟通中出现分歧。

（一）避免先入为主

有人可能会认为，客户的需求有什么复杂的，不就是要么想解决问题，要么想要求赔偿嘛。只要钱到位了，问题就能解决了。抱持着这样的刻板印象，我们处理问题的思路很容易被锚定在只有赔偿才能解决问题上。

但客户的诉求点真的如我们想的这么单一吗？我们来看一个客户投诉的案例：

客户因为预订的产品不符合自己的预期来电，客服听后急忙解释道："先生，我们在产品的预订界面上有说明，您点开产品的详情界面就能看到的，所以这种情况我们是没有赔偿的哦。"

客户听了一下子火了："你可以看看我在你们公司的消费记录和积分，我是想要你们赔偿吗？你们这个产品名字很容易让人误解，我是相信你们的平台才买的，订的时候怎么可能还点开细节去看呢？谁知道根本不是那样！"

我们尝试分析一下这个场景案例中客户和客服的分歧点。

客户的诉求点：

● 产品名不符合预期，容易让人误解，建议调整改进；

● 不满意产品功能，希望客服给予解决方案。

客服认为客户的诉求点：

● 反馈产品不足就是要求赔偿。

客服将客户来电的诉求定义为要求赔偿，激起了客户强烈的负面情绪，客户觉得客服将自己看成一个索要赔偿的人，自己的意图遭到了曲解。原本对于产品的不满和抱怨，演变成了对服务的不满。

可见，正是客服对于客户的意图进行了先入为主的误判，导致了沟通的失败。而且这种"客户就是想赔偿"的预设，阻断了客服的思考路径，只会单一解释预订规则，而不会思考其他沟通角度：

● 从这款产品的优势切入，说服客户接受已经预订的产品；

● 询问客户对此产品的不满之处，思考有没有其他附加产品可以弥补不足。

我们会根据累积的工作经验，总结应对问题的常见套路。某些情况下，这些套路会命中客户的需求，加快沟通的进程。但只凭有限的套路走天下,容易产生各种"误判",引发不必要的冲突,让沟通走了弯路。

(二)准确把握需求

如何更准确地把握客户需求?我们需要试着跳出原先的刻板印象,抱着开放的心态和多样的视角,才能更精准地命中客户的诉求。

1. 多了解事实

几乎所有的先入为主都是在罔顾事实的情况下得出的结论。如前面案例中客户提出"我预订的产品怎么跟我想的不一样?"客服立刻判定"看来这个客户是想要赔偿了",歪曲了客户的需求。我们应该尽可能多地去了解事实,多倾听客户的声音,让客户有机会充分表达事件的始末,表达想法与诉求。

2. 扩展视角,多层面理解

横看成岭侧成峰,远近高低各不同。这说明站在不同的视角,了解到的事实也会不一样。因此,客服要扩展视角,多角度挖掘客户来电的诉求:

- 对产品的期待落空,表达不满的情绪;
- 希望获得尊重,自己的意见能被重视;
- 获得解决方案,退订、赔偿、其他补救……

多视角、多层面地看待客户需求,可以避免让沟通陷入非此即彼的困境,为事件的解决找寻更多的路径。

3. 具体化澄清

在对客户的需求进行预判后,接下来我们可以通过具体化澄清来验证预判是否准确,了解必要的细节以及客户对问题解决的期待值。如:

● "很感谢您的反馈。这个产品跟您预想的不符,让您很失望。您希望我们的产品后续能进行改进,是吗?"

● "您刚刚说到这个产品的使用感受不佳,具体指的是什么方面呢?"

随后,客户会对此做出确认。这样一来一往,我们就能准确理清客户的诉求了。

把握客户需求,避免先入为主。尽可能多地了解更多事实,从多个视角把握需求,用具体化澄清确认客户需求。通过反复的操练,我们离高效沟通就更进一步了。

二、利用说服模型,做到有理有据

在跟客户沟通的过程中,有时客服说了半天就是说不到重点。这不仅让我们自己觉得沟通很费力,也容易使客户失去耐心,从而使问题迟迟不能得到解决。

因此,我们在沟通时要思路清晰,表达有层次,能够一语中的,提升沟通效率。我们可以参考以下说服模型。

（一）使用黄金圈法则，理清思路

我们在跟客户的沟通中，常常只提供有关问题解决的建议或方案，但不会过多解释其中的原委。我们来看下面这个案例：

客户因为飞机航班变动申请退票，但迟迟未收到退款，来电咨询："我这个退款怎么还不到账？"

客服："退款一般需要 7—15 个工作日，您再耐心等待一下。"

客户："为什么这么久？"

客服："因为您这个属于非自愿退票，所以耗时比较长。"

客户："为什么非自愿的退款就耗时长，我以前怎么没等那么长时间啊？"

客服："因为我们需要提交证明材料给到航空公司，航空公司再进行人工审核。航空公司处理的人力有限，所以时间会比较久。"

客服一般只会告知客户标准流程，只有在客户一再追问下，才会详细说明背后的原因。在这个过程中，客服始终处于被动的位置，沟通周期也会被拉长。

因此不如一开始就说清楚事件的缘由，再提出具体的解决方案。在这类表达里，我们可以参考"黄金圈法则"，对客户的问题进行循序渐进的解答。

黄金圈法则强调要按照特定的结构"Why—How—

What"考虑问题。借用这个模型,我们可以向客户阐述清楚:

- 问题产生的原因是什么?
- 有哪些解决问题的方案?
- 我们准备采取哪些行动?

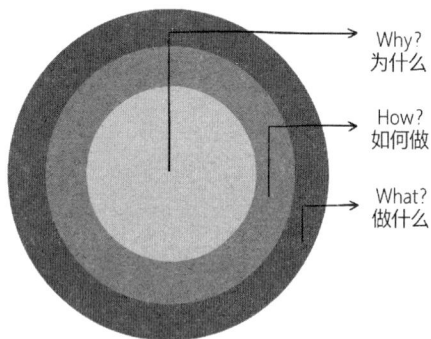

图 8-1　黄金圈法则

在沟通中如何运用黄金圈法则呢?我们结合上述案例进行分析。

第一步:Why——我们需要考虑客户提出诉求的出发点是什么?希望获得哪些信息?提供哪些信息才能解答客户的疑惑?从而向客户解释清楚当前问题产生的具体原因。

"由于您是由于航班变动引发的非自愿退票,我们需要先向航空公司提交航班变动的证明材料,航空公司人工审核通过后,再进行退款。航空公司处理的人力有限,所以等待时间比较久。"

第二步：How——进一步思考，客户希望如何解决问题？我们可以提供哪些解决方案？

"您要是不着急的话，可以再耐心等待一下。如果您很着急，我可以帮您联系航空公司核实，帮您催下退款进度。"

第三步：What——最后跟客户确认，为了帮助他，我们具体会采取哪些行动？

"稍后，我先帮您联系航空公司核实退款进度，在 XX 点之前，我会联系您告知航空公司回复的情况，您看可以吗？"

经过这三个步骤，我们既解答了客户对问题产生原因的疑惑，又提供了问题解决的详尽方案及后续如何跟进，从而避免了客户挤牙膏式的追问，提升了沟通效率。

(二) 金字塔式的表达，让客户听明白

当向客户解释问题涉及多个要素时，可能会发生以下情况：

客户："为什么我新买的手机总是要充电？"

客服："手机经常要充电的原因很多，可能是因为第三方应用耗电多，可能是电池出了问题，也可能是一直开着蓝牙，还有可能是因为屏幕耗电，再有还可能是因为 Wifi……"

客户："我还是没搞明白，你再说一遍……"

客服虽然分析了这么多原因，但客户听来却很懵：

"这么多原因,到底是哪一个?"

为了让客户更易于理解,我们在表达时如何做到主次分明、条理清晰呢? 我们可以借鉴金字塔式的表达方式。

什么是金字塔式的表达? 当我们在表达观点或提供解决方案时,可以先将结论告知客户,再分要点,一层一层地表述支持结论的理由。

在表述理由时,我们可以多使用提示词,让表达听上去比较有逻辑,如:

- 第一、第二、第三;
- 首先、其次、再次、最后;
- 一方面、另一方面等。

金字塔式的表达如何在沟通场景中运用? 我们以手机需要经常充电的问题为例:

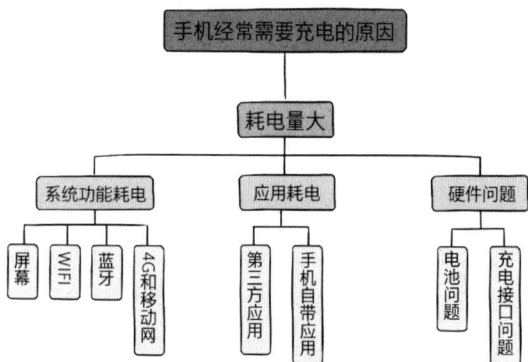

图 8-2 手机经常需充电的原因分析

- 告知客户总的结论

"手机耗电量大，所以总是要充电。"

- **将原因归纳分组，再有层次地表述出来**

"耗电量大有几个原因：第一，手机的自带系统耗电；第二，安装的一些应用软件比较耗电；第三，也可能是手机硬件本身耗电。"

- **如果还有更进一步的理由，继续按照上一步中的表达结构进行表述**

"应用软件耗电的原因，一方面可能是手机自带软件比较耗电，另一方面也可能是我们自己安装的软件比较耗电。"

在面对复杂问题时，通过结论先行以及提示词的加持，可以让我们的表达结构更清晰、更有层次性，更容易被客户理解。

三、提高沟通效率

小李和小张受雇于同一家店铺，拿着同样的薪水。一段时间后，小李青云直上，小张却原地踏步。小张想不通，老板为何厚此薄彼？

老板说："小张，你到集市看看有没有土豆在卖？"一会儿，小张回来汇报："只有一个农民拉了一车土豆在卖。""有多少?"老板又问。小张没有问过,赶紧又跑到集市上,回来告诉老板:"一共40袋土豆。""价格呢?""您没有叫我打听价格。"小张委屈地申明。

老板把小李叫来,对小李说了同样的话:"你到集市看看有没有土豆在卖?"

小李也很快从集市上回来了,他向老板汇报:"今天只有一个农民在卖土豆,一共40袋,两毛五分钱一斤。这些土豆的质量不错,价格也便宜,我顺便带回来一个让您看看。"小李边说边从提包里拿出土豆,"根据以往的经验,我觉得现在收购这批土豆很优惠,可以在一个星期内卖完。价格还能再谈,我把那个农民也带来了,他就在外面等您。"

这个故事里,你认为小张和小李的差距在哪里呢?

(一)减少"你来我往",一次性说清

小张和老板的沟通涉及好几个来回,不仅自己费时费力,最后还不能让老板满意。这种沟通方式被称为"间歇性你来我往"的沟通方式。

在日常工作或生活中,我们是否也有相似的经历? 如:

许久未见的朋友联系你,发来一句"在吗?"当你回复"在"后,对方又继续寒暄客套,你内心在想:所以你要干嘛? 你到底要干嘛?

你向上级汇报工作时总是被迫打断,领导挂完电话问:"刚我们说到哪里了?"这时候我们得先回顾下接电话前的事宜,然后再继续往下谈,本来5分钟的事儿愣是被延长到半个小时。

"间歇性你来我往"的沟通方式不仅让沟通双方感觉很累,还让沟通的效率变得很低,容易产生一种"明明没干什么,但心好累"的感觉。

所以我们需要减少打断,尽量一次性说清。就像故事中小李那样,提前汇总好所有的信息,然后一次性说清。这样不仅节约了自己的时间,也减少了对方的认知负担。

(二)如何做到一次性说清

要做到"一次性说清",我们需要进行全面思考,尽量缩短来回沟通的次数。在沟通之前,我们可以问自己:

- 客户要做最终决定,需要知道哪些信息?
- 如何给到客户这些信息?
- 这些信息,客户听得懂吗?

结合以上三个方面,我们看看具体如何做呢?

(三)明确客户需要知道哪些信息

沟通的目的是让客户最终能做出某个决定。我们可以倒推客户需要知道哪些能让其做出最终决定的信息,那我们就为客户提供相应信息，推动其快速做出决策。

如客户对机票预订流程不熟悉时，一般只会参考价格、时间这两个因素。而专业客服知道，客户在选择航班时，还需要考虑航空公司服务水平、是否需要中转、是否有餐食等因素。

比起等客户想到什么问什么，我们再被动回答，不如一次性介绍清楚各个航班的优劣势，给客户提供全面的信息，从而提高沟通的效率。

（四）考虑如何给客户陈述信息

当我们为客户提供多个方案或建议时，如何说明这些信息更便于客户理解？

以提供航班改签方案为例，逐一说明以下四种方案的优劣势，让客户能清晰地了解所有信息，便于做出决策：

表8-1　不同改签方案优劣势对比

方案 1	方案 2
某日早上 7：40 的航班，改签总费用 477 元	某日晚上 10：20 的航班，改签总费用 527 元
优点：费用最低	**优点**：飞机是大飞机，相对舒适
不足：航班时间早，需要赶早	**不足**：航班时间略晚，到达后可能不太好打车

方案 3	方案 4
某日下午 13：50 的航班，改签总费用 584 元	某日下午 18：30 的航班，改签总费用 568 元
优点：时间比较适宜，方便客户做安排	**优点**：与客户期待的出行时间最接近
不足：费用相对高一些	**不足**：不提供餐食，需自备

如果客户对前期方案没有明显偏好，我们还可根据客户的纠结点，提供专业建议。

比如，虽然客户说"我们对航班没有特别要求"，但考虑客户是老年人，最好避免舟车劳顿，可建议客户尽量选择直飞的、机型较大的航班。如老年人对价格敏感，可考虑退票重新预订的方案是否更加划算。

如此降低了客户的认知负担，减少了来回沟通的频次，提高了沟通效率。

（五）考虑客户能否听懂

在工作中，我们有时觉得自己说得够清楚了，但是客户还是不明白。出现这种情况的原因可能是，客服的表达不准确，不易理解，甚至产生歧义。我们可以注意以下两点。

1. 少用代词

客户来电要退刚刚预订的产品，客服看到有个刚下单的产品,问:"您要退的就是这个刚下单的产品吗?"在与客户确认后,客服操作退订。

不一会,客户投诉:"我要退的不是这个,是另外一个啊!"原来客户有两个账号,之前都分别预订了同一个产品。

想要减少误解的发生,应少用"这个、那个、那些、他们"等代词。尽量用具体化的描述,如"这张编号为 XX 的订单""这个 7 月 1 日预订的 XX 产品"等。

2. 少用专业术语

我们要将专业术语用通俗易懂的方式表述出来,便于客户理解。如客服解释机票价格随订随售时,如果对原因进一步解释,客户将更易懂。

"机票是多个代理商同步销售的。除了我们公司,其他渠道也在同步销售和退票,可能造成机票价格随时发生变动。所以在您预订的过程中,票价是实时更新的,会随时上涨或下调。"

准确把握客户的需求,将信息一次性说清楚,表达清晰,有理有据。做到以上这些,沟通会更高效。

四、说服,需要一点"套路"

芝加哥大学教授理查德·泰勒(Richard Thaler)因

其对行为经济学的贡献,获得了 2017 年诺贝尔经济学奖。行为经济学是什么? 它其实跟我们的生活密切相关,可以帮助我们理解很多常见的生活现象,如:

遇到双十一之类的商家促销活动,总忍不住"剁手";

收到一张代金券,总觉得不用掉就亏了,结果花了比代金券更多的钱;

一遇到四川人,就觉得他一定爱吃辣……

传统经济学假设人都是理性的,无论何时都会做出最优化的决定。但从以上这些场景中可以看出,我们的认知与实际情况常有偏差,我们也常因多种因素的影响,做出非理性的决策。

行为经济学的研究就揭示了人们"非理性"的一面。我们常常受经验或情绪的影响,依靠直觉做出决策。

在与客户沟通的过程中,我们也要看到客户"非理性"的一面。学习行为经济学中的常见效应,可以帮助我们了解客户的决策规律,从而更好地说服客户。

(一) 损失厌恶

行为经济学家丹尼尔·卡尼曼、杰克·莱士及理查德·泰勒(Kahneman, Knetsch & Thaler)曾经做过一个经典的马克杯实验。

实验将志愿者分成两组,其中一组每个人都得到了一个印有母校校徽的咖啡杯。两组成员被要求回答如果出售或购买咖啡杯,分别愿意出多少钱?结果发现,第一组愿意卖出的平均价格大约是第二组愿意支付的平均价格的两倍。

这个实验说明:人一旦拥有了某件物品,相比没有得到时更不愿意失去,失去带来的痛苦远远大于得到带来的喜悦。这就是损失厌恶的心理。

我们在说服客户时,如客户在犹豫是否下单购买某产品时,我们可以利用这个原理说:

"这个产品目前比较紧俏,马上就要没货了。活动结束后,价格也肯定会上涨。如果您需要的话赶紧下单,以免造成后续损失。"

使用这种话术跟客户沟通,其实就是在制造"机会即将失去"的氛围,激发客户的"损失厌恶",促使客户尽快做出决策。

(二)锚定效应

我们来做一个实验,先写下自己身份证号码的最后两位数字。如果身份证号码最后一位是字母,可以写下倒数第二和第三位数字。写完后,请对以下四件物品进行估值。

你的估价分别是多少?

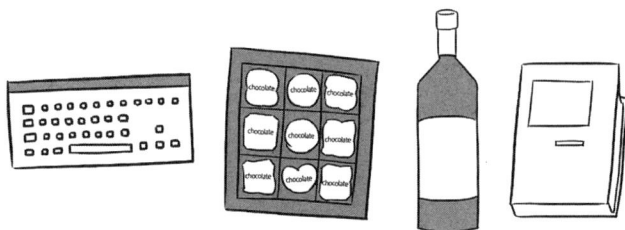

图 8 – 3 锚定效应实验图例

这是《怪诞行为学》的作者丹·艾瑞里（Dan Ariely）曾经做过的一个实验。结果表明，那些身份证后两位数字大的人，给出的估价会偏高。对于同一瓶葡萄酒，身份证后两位数字比较大的人估价在 27.91 美元上下，而数字比较小的人估价在 8.64 美元上下。

这个实验揭示的原理就是锚定效应，即我们决策时容易被最初获得的信息所影响，就像沉入海底的锚一样，把思想固定在某处。

锚定效应在生活中很常见，如逛街时妻子先和丈夫一起看了个上万元的包，表示很喜欢。后来看到一款 3 000 元的包时，丈夫激动得马上买了下来。

生活中商家在销售时很会利用锚定效应。如超市里常会看到价格标签上有两个定价，原价和活动价。商家通过原价定"锚"，让顾客比较下来感觉活动价格很划算然后立即购买。

我们在跟客户协商沟通时,如何应用"锚"的作用呢?

"因客观因素引起的损失,我们一般是没有补偿的,但考虑到您是我们平台的老用户,本次我们愿意为您承担 XX 元的损失,希望您未来继续支持我们。"

"其他平台这种情况一般只能给到您 XX 方案,但我们非常重视您的使用感受,虽然不是我司导致的问题,但我们会努力为您协调解决。"

以上两个场景中,客服先提出通常情况下的方案或其他平台的方案,就是为客户的预期设定了一个锚,在这个锚的对比下,客服后续提出的方案更具吸引力,更容易被客户所接受。

(三) 承诺一致性

心理学家托马斯·莫里亚蒂曾经做过这样一个实验:

沙滩上,实验人员放下随身听去上厕所,另一个人扮演小偷把随身听拎走,并故意让一个受试者看到。实验做了 20 次,却只有 4 个人出来阻止。

实验继续,实验人员上厕所前请求旁边的人帮他看好东西,结果 20 人中有 19 人阻止了"小偷"。

这个实验表明,一旦人们做出了承诺,就会不自觉的按照原来的承诺做出相应的行为,这就是承诺一致性原理。

与客户的沟通中,我们可以利用这一原理,先让客户做出承诺,或先给客户预设某个立场。一旦客户接受,客户就会按照预设的立场来行动。如:

"先生,您是我们的老客户了,对我们的产品和处理流程也很了解,这次希望您也继续相信我司,我们一定会做出妥善地处理。"

此外,当我们想要进一步获得客户的协助,或向客户提出一些小的请求时,也可以利用这一原理,由小及大、循序渐进地引导客户。

客户快递未收到,客服查询订单发现卡在配送阶段,怎样说能提高客户的配合度?

第一步,"先生,您可以查询一下您的订单配送情况,看看和我这边的是否一致。"客户同意后,我们可以说"感谢您的积极配合",给客户建立积极配合的形象;

第二步,"目前快递到了投递阶段,我帮您联系快递员催促一下,您再耐心等待一下。"如果客户没有反对,我们可以说"再次感谢您的配合",强化客户合作的行为;

第三步,我们可以试着提出:"要是您特别着急的话,可以直接联系快递员……"

当我们给客户塑造了一个理解配合的形象,客户为了保持前后一致,大概率会同意我们的方案。

行为经济学告诉我们，每个人都有"非理性"的一面。把握常见的决策规律，掌握一定的沟通"套路"，可以帮助我们更有效地引导客户，更好地达成沟通目标。

第九讲
如何让沟通能力进阶

当客户情绪升级,我们会发现沟通很难往前推进,容易陷入僵局。为了给客户的情绪降温,将沟通拉回正轨,我们需要培养进阶的沟通能力。

点点的职场故事·9

进组后,点点庆幸自己遇到了一位善于帮助员工成长的领班。佳佳自身业务能力过硬,能切实地帮助每个小伙伴提升成绩,大家都很服她。

点点尤其佩服佳佳的一点是,她面对情绪暴躁的客户也能从容不迫。每每遇到这类客户,点点虽然能理解客户生气的原因,但很容易被对方的情绪影响,不知道怎么跟客户继续交流,时不时会给佳佳带来些"麻烦"。

这天电话一进线,点点听到客户语气有些冲:"你们网站有问题,坑了我的钱! 我一直都在你们这儿订票,怎么会发生这种事情!"

听到客户情绪激动,点点有些慌,忙向客户询问具体情况。原来客户想订两张往返机票,但网页上无法添加 2 位乘客,就分开预订,订第二张时发现价格上涨了。客户认为是网页故障造成的,要求按原来的价格预订。

了解清楚情况后,点点跟客户解释道:"先生,这并不是网站的问题。因为这个机票产品只供单人预订,所以您预订时无法添加 2 位乘客。"

客户一听更气愤了:"你们的网站设置就是有问题!我不管,我就要这个价格!"

点点继续反复跟客户解释原因,但客户的负面情绪始终未减。最后,客户明确表示要投诉,只能升级到了佳佳那里。佳佳跟点点详细询问了事件的整个过程后,做了进一步的沟通处理。

处理完后,佳佳招呼点点过去,点点有些委屈:"刚刚我已经按流程跟客户解释好多遍了……"

佳佳启发点点道:"刚刚你的处理在流程上是没什么问题的,但为什么我们说的是对的,客户就是不接受呢?"

这正是点点困惑的地方:"我嘴皮子都快磨破了,客户就是不听。"

佳佳继续循循善诱:"我们和客户之间其实是一种信息不对称的关系。作为客服,我们当然知道机票价格波动的规律,但是很多客户并不能理解。如果是你的亲戚朋友第一次遇到,可能也会有同样的质疑。"点点想了想,确实会这样。

佳佳顿了顿,继续说道:"当跟客户解释原因时,你认为对的东西,他不一定认可。你越急着解释,就越容易给客户一种'你对我错'的感觉,将客户推到了你的对立面。"

佳佳看点点还没想明白,又补充道:"好比你发现有人跟你爸妈推销保健品,要是你上来就说这个东西不好,你们不要这么容易被骗。你爸妈的反应是什么呢?"

"这我还真遇到过,他们就是不听啊!还反问我,你怎么知道这个不好的,就你懂!我也是无语。"点点一脸无奈。

"这种情况下,即使你说得有道理,但是你的做法就是把自己放在了他们的对立面。他们的第一反应当然是否认,还要证明自己才是对的。对吗?"

听了佳佳的一番比喻,点点一下明白了,但还是疑惑:"这时怎么继续沟通,才能让他们接受我们的说法呢?"

佳佳接着说道:"这种沟通里面我们特别容易犯的一个问题就是'应该思维',你觉得已经解释得很充分了,客户应该能懂。但想想客户的情况各种各样,比如有的客户出行经验少,就会不太了解订票规则。"

佳佳顿了顿,给了点点一些思考的时间:"其实当你着急对方不理解的时候,对方可能还在生气你怎么就是不懂我呢。我们没办法将自己的想法硬塞给其他人,那可以改变的是什么呢?就是我们自己的沟通方式。这时其实可以根据他们的特点'顺毛捋'。"

"啥叫'顺毛捋'?"点点好奇地问。

"要让他们接受你的说法,你得先让他们感觉你跟他们不是站在对立的立场。你想想看,可以怎么做呢?"佳佳启发点点自己思考。

点点想了想说道:"我可以先理解他们的立场,跟他们说有这种疑惑也是正常的。"

佳佳露出"孺子可教"的欣慰表情,补充道:"是的,先不用急着否定客户,即使客户的理解在你看来是有偏差的,也可以找到其中的部分观点给予认可。那接下来呢?"

点点略作思考后说:"接着我可以搞清楚他们不理解的点在哪里,用他们能懂的话来跟他们解释。"

佳佳微笑着表示赞许:"对,可以尝试换种方式解释。当你接的电话多了,就能摸索出不同客户有什么特点,用什么样的沟通方式更适合。在日常工作中多思考,多复盘。客户情绪升级要投诉反正还有我呢,你尽力做好自己能做的,肯定能慢慢进步。"

经过跟佳佳的这番交流,点点体会到,使用不同的沟通方式可以带来截然不同的沟通效果，关键是沟通细节的把握。持续提升沟通能力，是作为客服的必要修炼，多琢磨、多总结才是王道呀！

一、管理客户的负面情绪

我们在跟客户沟通的过程中，有时会遇到客户负面情绪很强的情况，如愤怒指责、抱怨无助、焦虑着急等。

如果这时跟他们沟通，会怎么说都说不通，也容易让我们自己卷入情绪旋涡中，难以回归到问题解决的路径上。

对情绪的管理是我们作为客服的必修课。前面的章节分享了自我情绪管理的技巧，通过情绪的自我识别与觉察，给情绪按下"暂停键"，做好自我心理调适，避免让情绪影响我们的沟通和判断。那在沟通中，我们可以使用哪些技巧帮助客户管理负面情绪呢？

技巧 1，及时"认怂"，情绪宜疏不宜堵

我们常常说"都怪你，让我这么生气。"其实并非是对方让我们生气，而是我们需要用展现生气情绪的方式来影响对方。

在与客户沟通的场景中，客户之所以一再重复他遇到的不合理待遇以及遇到问题后的不满，无非是想通过他的情绪来告诉你他很生气，希望你能够接收到这些信息。

所以，当我们感知到客户的情绪时，最明智的做法是及时"认怂"，让快陷入不满情绪的客户冷静下来。如：

"抱歉，如果我刚刚的表达让您生气或不舒服了，我先向您道歉。"

及时"认怂"其实是向客户传达了以下信息：

- 我知道你生气了；

- 我不与你争论对错；

- 我在意并尊重你的感受。

当客户从我们的"认怂"中接收到这些信息，便没必要持续展现他的情绪，继续咄咄逼人了。

技巧2，倾听认可，帮客户辨识情绪

当我们有情绪时，如果别人能理解我们的感受，会让我们感觉好受些。因此当客户有情绪时，我们可以先耐心做好倾听，听到对方表达背后的需求，认可对方的感受。如：

"我能感受到您对于之前的处理过程非常不满意。"

"我了解到这次的服务体验让您感受很不好，如果我是您，也会很生气。"

自我情绪管理技巧中提到，辨识情绪可以帮助我们和当下的情绪拉开一定的距离。认可客户情绪的过程，就类似于帮助客户辨识情绪。当客户对自己目前的状态有更多的觉察，负面情绪的强度也会逐渐下降，我们的沟通重点也可以从处理情绪，逐步转移到事件本身的解决上。

我们在致歉或认可对方情绪时需要注意：

● 我们不是为自己的立场和观点道歉，也不是承认我们做错了，只是在为刚刚的言行对其产生的影响道歉。

● 我们认可对方的情绪，并不意味着接受对方的指责，只是在向对方传达"我理解你的感受"。

技巧 3，利用暂停，给情绪降温

当客户已经陷入强烈的负面情绪中，我们难以通过认可感受的方式让对方恢复平静时，也没必要正面硬刚。可以及时撤退，让双方暂时抽离出来。这时可以提前准备一个能随时暂停对话的"借口"。如：

"我这边已经充分了解到您的诉求了，我需要跟领导申请一下，看看有没有更好的解决问题的方案，半小时后跟您回电可以吗？"

即便是之前情绪处于高点的客户，隔了一段时间再次沟通时，也可以恢复到相对平和的状态。这与大脑的情绪控制机制有关，我们大脑情绪控制区域的反应比理性控制区域要快 3 到 15 秒。当我们创造了一小段的暂停，也给了客户逐渐恢复到理性状态的时间。

技巧 4，舒缓语气，传递稳定情绪

沟通中当我们感受到他人情绪，其实会有意无意地被他人情绪所影响，这种现象就是情绪传染。在人际交往的过程中，我们会不自觉地观察他人的面孔、姿势、声音,下意识地模仿他人的反应,体会他人的情绪,这就是情绪传染的过程。

情绪传染是相互的,我们自身稳定的情绪也可以成为帮助客户管理负面情绪的资源。我们可以通过不急不慢的语速,温柔坚定的语音,不卑不亢的态度,向客户传递舒缓的情绪,帮助客户从焦虑、急躁的负面情绪状态中恢复稳定。

二、沟通陷入僵局,如何拉回正轨

当客户的负面情绪逐渐降温后,我们跟客户的沟通可能还陷在僵局里,让问题无法得到有效解决。我们需要有技巧地引导对话,将沟通拉回解决问题的正轨。

(一)强调非对立的立场,减少客户防卫

当沟通陷入僵局时,多是因两方各执己见。如果客户认为我们处于他的对立面,会激发其强烈的"防卫心",自然难以平和沟通。

在社会心理学中,一个影响人际吸引的重要因素是相似性。伯恩(D.Byrne)1971年所做的研究发现,在对他人不了解的情况下,他人与自己观点是否一致,很大程度上决定了人们对他人的喜欢程度。

当人们发现别人的观点与自己相近时,会造成一种
"我是正确的"奖励效果,从而更喜欢与自己意见相同或
相近的人。

因此,我们可以利用"相似性"原理拉近与客户的距
离,通过找到跟客户相似或一致的观点,向客户传递"其
实我们跟你立场一致"的信号,减少其防卫心。

表9-1 减少防卫心的话术举例

切 入 点	说 明	话 术 举 例
表达双方目标的一致性	说明为了达成共同的目标,我们需要共同付出努力	我们很重视像您这样的老客户的反馈……其实咱们的目标都是希望能解决好当前的问题……
表达感受上的相通之处	以自己的感受与经验向客户表达理解	我在这种情况下也会有这样的感受…… 我和您有过相似的经历……
赞同客户表达中自己所认同的部分	找出客户表达的观点或感受中我们可以认同的部分	我能理解您为什么这么生气,您说的……部分,我也很认同
表达自己为解决问题付出的努力	表达我们的付出以及为客户争取到的权益	为了解决您的问题,我联系了…… 目前为您争取到的解决方案是……
用正向语言表达对客户的认可	发现客户优点,并恰当地表达出来,拉近双方的关系	您为家人考虑得非常周到……能感受到您不是个斤斤计较的人……

通过以上角度的沟通,客户的防卫心逐渐降低,沟通也能顺利往前推进。

(二) 找到切入点,引导客户转变视角

如果客户陷入自己的立场中不可自拔,我们在消除其防卫心的同时,还可以同步快速总结客户表达的中心意思,并从中找到切入点,将对话的方向转变成有助于推进问题解决的议题。

以下几种常见场景里,我们如何引导客户转变视角?

客户指责我们的出发点:"你们是什么意思,你们是想好好解决问题吗?"

我们可以对客户的负面体验表示抱歉,同时澄清我们的意图。如:

"我们肯定希望给您提供好的服务体验,如果之前的过程给您带来了不好的感受,我很抱歉。"

客户表达对提供的产品或服务过程的不满:"你们的服务(产品)太差劲了!"

我们可以认同客户的感受,请客户提供更详细的信息,把话题引向解决问题上。如:

"我理解您现在非常生气,您能具体说说遇到的问题吗?"

客户认为自己说的才是对的:"我说的才是事实。"

我们可以尝试让客户了解其他视角,说明我们观察到的事件情况。如:

"从您的角度看来,可能觉得事情是这样的……但我也想分享一下我了解到的情况。"

客户试图撇开自己的责任:"我之前的操作没有问题!""都是你们的错!"

我们可以认可应承担的责任,同时从解决问题的角度提出双方要共同承担的责任。如:

"我们现在的沟通不是想说谁的问题,我没有任何责怪您的意思,我们一起看看做哪些事情可以解决目前的问题。"

"作为提供服务的一方,其中肯定有我们的问题,给您造成的困扰我很抱歉。但目前问题的解决是需要我们双方共同配合的,我们一起看看这个过程中我们可以做些什么。"

问题处理比较紧急,而客户还持续表达不满,无益于问题解决。

我们可以跟客户暂时搁置争议,优先解决紧要的问题。当问题处理得当,一般客户之前的不满情绪也会相应消减。如:

"您的情绪我现在充分理解了,您之前的不满意的地方我们后面可以专门花时间再谈,现在最重要的是看看目前的这个事情如何解决可以吗?"

"先生,鉴于这个情况,可能目前我们也没有办法很好地达到您的要求,我会继续帮您关注反馈,我们是否可以先考虑下目前的事情怎么处理?"

(三)积极构建,引导客户正向沟通

同一句话可以从很多角度来理解,如"我没有说是你的错"这句话可以理解为:

"我没有说是**你**的错。"(是别人的错)

"我**没有**说是你的错。"(确实没有)

"我没有**说**是你的错。"(不过我暗示了)

既然同一句话可以从截然不同的角度解读出不同的理解,我们选择从正向的角度解读客户说的话,更能促进跟客户的沟通与合作。

将客户的表达赋予积极正向的意义,这个技巧叫作**"积极构建"**。如:

"您也是我们公司的老客户了,出于对我们的信任与认可,才会一直支持我们的产品。这次的反馈也是希望我们能够改进产品的不足,非常感谢您真诚的反馈。"

"很遗憾这次的服务体验让您的感受不是很好,您愿意把您的真实感受告诉我们,说明您愿意帮助我们改进服务,非常感谢您对我们一直以来的支持与信任。您期待的服务是什么样的? 您希望我们如何改进呢?"

以上场景中客服的回复,将客户反馈的负向事件从积极的角度解读,对双方的沟通有如下促进:

● 重新建构客户的出发点,是为了改进优化产品;

● 重塑客户形象,从表达不满的客户转变成向公司提出宝贵意见的客户;

● 让双方感觉有了共同的立场与目标,避免了矛盾的升级。

沟通的本质上是一个互动建构的过程,当我们尽量多地使用正向语言时会发现,跟客户间的沟通也在向问题解决的方向推进了。

三、沟通能力提升需刻意练习

工作一段时间后我们可能会发现,业务知识的储备只要多花时间积累便能逐步提升,沟通能力的提升却感觉无从着手。这时我们可能会觉得有些人好像天生就是情商高、会说话、善于沟通,自己就做不到把话说得很漂亮。沟通这件事是否就是靠天赋呢?

所谓的"一万小时定律",指的是在某个领域坚持一万小时的学习,我们可以成为该领域的专家。但是仔细想想,如果每天只是机械地简单重复,可以成为专家吗?答案是并不一定。

人和人之间、不同技能之间有很大的差异。我们虽然每天都在沟通，当我们看到他人迅速提升而自己提升缓慢时，这时应该怎么办？

（一）知道提升的方向

当我们对一件事的认知还处在"不知道自己不知道"的状态时，这时我们是看不到自己哪里做得不好，哪里需要提升的。所谓无知者无畏，在我们能力不足时，往往会高估自己的能力，无法正确认识自己的不足，这种现象称之为**邓宁-克鲁格效应**。

如很多人会去听公司里优秀客服的录音，听完后可能会反馈没听出来好在什么地方；或者认为别人的沟通表达是挺好的，但说不出来具体是哪里好；或者想向别人学习，但只是机械地模仿，用得很生硬。

沟通这件事其实可以拆解成：

- 能否快速理解获取信息；
- 能否有逻辑地组织语言；
- 能否感受对方情绪，表达同理心等。

我们很多时候并没有静下心来细细地对比分析，因此很难确切地看到自己的短板在哪方面。

经过对自我沟通能力的现状分析，你可能会感觉自己有太多不足，甚至怀疑自己难以达到更高的水平。根据邓宁-克鲁格效应这时的我们是从"愚昧之山"到了"绝望之谷"。但不用灰心,明确了提升的方向与目标,便正式迈开了向"开悟之坡"攀爬的第一步。

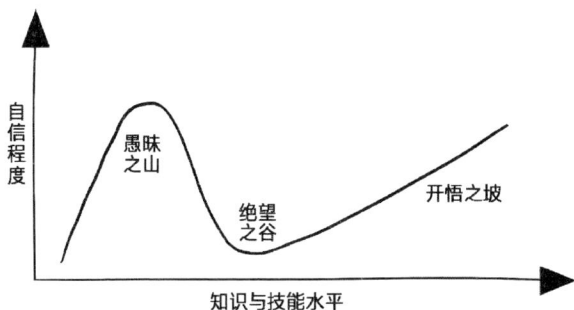

图9-1　邓宁-克鲁格效应

(二) 知道提升的方法

当我们经过对比分析知晓了自己需要努力提升的方向,那么通过什么样的途径可以真正地提升我们的沟通技能,帮助我们从"绝望之谷"攀上"开悟之坡"呢?

沟通能力的提升也需要科学的方法。如果我们仅仅去看一些有关沟通的书,或者照搬照套优秀话术,并不能真正提升沟通能力。我们需要了解沟通背后的原理,分析自己的沟通风格,尝试运用新的沟通技巧,并及时反思总结调整。这个过程便是刻意练习的过程。

所谓的"一万小时定律",其实是需要我们持续付出努力,坚持进行刻意练习。在提升的过程中,即便遭遇挫折或困难,其实都是在"开悟之坡"上攀登的必经过程。每天只要有一点点的进步,哪怕是 0.01,也能够在日积月累中收获学习的"复利",获得能力上真正的提升。

$$1.01^{365} = 37.8$$
$$0.99^{365} = 0.03$$

图 9-2　0.001 的"复利"

(三)调整心理预期

当我们看到自己的不足,意识到自己和优秀沟通者的差距时,容易产生妄自菲薄的心理。认为怎么别人能口舌生花,而自己就笨嘴拙舌呢? 这时我们可能陷入了对他人盲目崇拜、对自己盲目贬低的状态,只看到他人得心应手的现在,没看到他人之前努力的过程。

其实每个人都有自己的沟通风格,我们可能在应对某些类型的客户时得心应手,但在应对另一些类型的客户时容易束手无策。好的沟通者更善于灵活变通,能掌握各种场景下的沟通技巧。我们不要局限在自己的舒适区内,而是要激发自我提升的动力,科学拓展自己的能力。

第十讲
绩效管理的秘诀

客服工作中绕不开的一个话题就是绩效考核。客服岗位有哪些常见的绩效指标？我们应该如何制定绩效目标？应该如何进行绩效追踪、达成绩效目标？

点点的职场故事·10

因为犯了一个差错，点点的转正日期被延后了。为了确保成功转正，点点要努力将这个月的绩效再往上提升一档。点点有些担忧，因为这段时间自己为了适应班次、业务流程、工作节奏，已经是使出浑身解数才勉强达到目前的绩效档位。怎么做才能让绩效提升呢？点点将自己的疑惑告诉给了佳佳。

看着点点担忧又茫然的样子，佳佳安抚道："看把你愁的，绩效管理是我们工作中很重要的一部分。前段时间你的重点在夯实业务基础上，所以我也没跟你多提绩效管理的事儿,现在正是时候!"

佳佳边说边打开绩效表:"你看,我们的绩效指标主要分为三块:一是电话量,二是一次性解决率,三是好评率。你感觉哪块比较容易达成,哪块不太好把控呢?"

点点回想了一下:"我觉得电话量标准挺明确的,但要达到比较高的档位还是挺吃力的。一次性解决率和好评率感觉没什么控制的办法,客户后续来不来电、给不给好评有时就是看运气的。"

佳佳点了点头,把鼠标往上移了两行:"确实,电话量是一个完全显性的指标,努力接就是了,而一次性解决率和好评率的控制还是需要一些技巧,咱们来看看晓雪的绩效吧。"

之前就听说晓雪的绩效一直保持得很好,再看看表格中呈现的优秀数据,点点佩服道:"晓雪好厉害呀!"

佳佳叫来晓雪:"来,一起帮点点看下她的绩效。"

晓雪看了看点点的绩效数据:"嗯,电话量还算稳定,其他两个指标就有些不稳定了,忽上忽下的。"

晓雪思考了下,分享了自己对绩效的看法:"点点你看,咱们的绩效指标里详细定出了各项指标的档位与标准,因此我们在设定绩效目标时就有了明确的方向。比如说,我给自己设定的电话量目标是卓越,那我就知道了每个小时平均下来要接11个电话。"

佳佳点头以示认同："晓雪说得没错,目标确实很重要。有了目标,你才会有努力的方向。你之前不知道控制绩效从哪里下手,其实就可以根据绩效目标来倒推,估算每周、每天甚至每小时要达到的量。但是这个目标只是作为一个参考,一两天没达到也不用特别焦虑。每天的工作结束了,都可以算算今天有没有达到目标,做到心中有数。"

晓雪接下来说到了点点最关心的问题："一次性解决率看着最难控制,比如有时候明明跟客户约好回电时间,但客户还是会提前来电话。"

点点猛点头,晓雪完全说到了自己的痛处,一次性解决率确实最让自己头疼。

"其实我们可以分析客户再次来电的常见原因,总结出一些经验。比如我每次都会想想客户会不会还有其他疑问,然后主动跟客户确认,提前做好解答,减少客户再次来电的概率。"晓雪顿了顿,继续说:"按照以往的经验,即使约好回电时间,很多客户都会提前来电,我们就可以提前一点点时间回电客户。"

"好评率方面,我觉得你现在保持得不错,不比老员工差,再接再厉哦!"晓雪给点点竖了个大拇指。

点点深切感受到了什么叫"听君一席话,胜读十年书",从原先的迷茫变得一下有方向了,准备按照晓雪分享的方法赶紧实践起来。

同组在旁边"吃瓜"的刘嘉插话道:"点点,我也传授给你一个秘笈。"

点点好奇地问:"什么秘笈,快说说!"

刘嘉从电脑显示屏下面摸出来一个白瓷的小招财猫:"就是它呀,开工前拜一拜,好评杠杠的,可灵了!"

佳佳又好气又好笑:"你呀,可别误人子弟了!"

这时晓雪往点点手里放了一个东西,点点一看,居然也是只招财猫,就是造型有点不同。点点摸着这只猫,将信将疑地问:"晓雪姐,你也信这个啊?"

晓雪笑道:"还不是刘嘉,估计是批发的,之前给咱小组一人送了一个。我这个给你了,你要信呢,能产生积极的心理暗示;不信呢,起码接电话时看着心情会好,你看它多可爱。"

点点看着这只憨憨的招财猫,心里涌入一股暖流。真切感受到在这个组,有这样一群暖心的同事是工作以来的最大收获了。有了小伙伴们这般毫无保留的帮助,还有什么理由不好好努力呢?

一、客服绩效知多少

当我们还是新员工时,每天跟老员工一样忙着接电话,但等到绩效出来,却发现自己跟他们还是有一定的差距。这时的差距除了来自业务能力不够熟练,还因为新员工缺乏绩效管理的意识,甚至不清楚客服绩效的构成。

工作表现的好坏,大都体现在绩效指标上。我们需要了解客服岗位考核指标的内容,这些指标是如何计算的,以及不同档位的标准是什么样的。

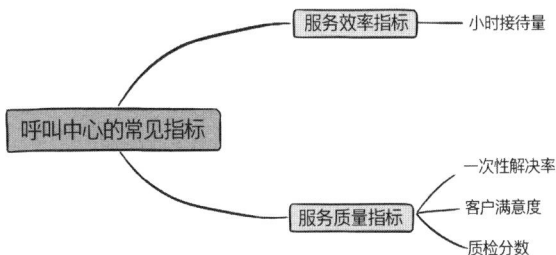

图 10-1 呼叫中心的常见指标

服务效率指标

客服岗位考核工作效率的指标便是小时接待量。它是指单位小时内被成功接入人工座席的服务请求量,一般的计算方式为:小时接待量=呼入接通次数÷登录系统总有效时长(小时)。

表 10-1 客服小李某天的接听情况

姓名	接待总量/ (次)	在线时间/ (小时)	小时接待量/ (次/小时)
小李	72	8	9

小李当天的小时接待量即为：72÷8＝9。

这是一个显性指标，有经验的员工会跟踪自己每小时的接待量。这项指标除了反映客服的工作效率以外，还反映了其个人能力和技能水平。

服务质量指标

客户对一个企业的忠诚度离不开良好的服务感受，而好的服务感受则依托于客服的日常服务质量。因此，服务质量指标一般在客服绩效考核中占据着不小的比例。

一次性解决率

客户来电的目的通常就是要解决问题。一次性解决率，是指客户来电中客服第一次就把客户问题解决的比率。客服一次性解决率越高，代表这个客服的问题解决能力越好，相应地客户的满意度也会提高。

一次性解决率，一般是看一定时限内一次解决的客户服务请求数量占总服务请求数量的百分比。这个时限根据行业不同以及业务属性不同，一般会设定为 24、48甚至 72 小时或更长时间。

以 48 小时时限为例，具体计算方式为：一次性解决率＝（48 小时内电话接待量－48 小时内重复接入量）÷48 小时内电话接待量×100％。

表 10-2　客服小李 48 小时的接听情况

姓名	48 小时内电话接待量/（次）	48 小时内重复接入量/（次）
小李	164	30

小李的一次性解决率便可这样计算：（164－30）÷164×100％＝82％

对于客服中心来说，如果整体的一次性解决率高，客户的重复来电就会少，整体电话量就会下降，客服疲劳度就会降低。

对于一线客服来说，业务知识积累越丰富，操作能力越熟练，一次性解决客户问题的概率就越大。

客户满意度

客户满意度，是指客户对客服提供服务的满意程度，这是一个非常直观地评估客服服务质量的指标。在每次接受人工服务后，客户通过短信调查、电话语音或实时弹屏等方式，对服务的满意程度进行评分。

这个指标代表了客户对服务的直接感受，比较能够真实地反映客服的服务质量。计算方式一般为：客户满意度＝满意量÷接待量×100％。

表 10-3　客服小李某天的客户满意度情况

姓名	总接待量	不满意	一般	满意	客户未评	好评率
小李	81	1	10	58	12	72％

小李当天的客户满意度即为：$58 \div 81 \times 100\% = 72\%$

质检分数

提到质检，很多人会想到产品的质量检测。而在客服行业中，质检其实就是对客服的服务品质进行监控。质检团队会通过实时监听、抽查录音监听、看会话等方式对客服的工作进行检查并评分，主要考察员工的服务规范、服务技巧、服务质量等。

这项指标相对其他指标来说是一个偏主观的数据，通常在绩效考核中的占比不会太大，但对于客服工作的整体提升有很大帮助。质检能够通过对客服工作的考核，发现客服中心需改进的各项问题，如员工常见的业务差错、需要修正的话术、需调整改进的流程等。

还有一些其他的常见绩效指标，如被催率、差评率、通话时长等。各呼叫中心根据自身业务类型，选用的指标及构成占比各有不同，但都绕不开质与量两大方面。当我们迈入客服行业，需要对这些指标及构成做细致具体的了解，才能让我们付出的努力有路可循、有据可依。

二、如何设定绩效目标

在新手阶段，我们可能很难同时做到既要解决客户的问题,又要让客户对服务满意,还得控制通话时长。

在实际工作中,确实有一部分标杆员工能同时做到保质又保量。当我们还是新员工时,可能觉得离这些标杆差距太远。如何让自己的绩效逐步提升,缩小与这些标杆之间的差距呢? 除了付出持续性的努力,我们还要善于制定合理的目标。

有这样一个跟目标有关的经典故事。日本著名的马拉松运动员山田本一曾两次夺得国际马拉松比赛冠军,他曾说到自己跑步过程中的秘笈。

"每次比赛之前,我都要把比赛的路线仔细地看一遍,并把沿途比较醒目的标志画下来,比如第一个标志是银行,第二个标志是一棵大树,第三个标志是一座高楼……比赛开始后,我就奋力地向第一个目标冲去,到达第一个目标后,我又以同样的速度向第二个目标冲去。40 多公里的赛程被我分解成几个小目标,跑起来就轻松多了。以前我把目标定在终点线的旗帜上,结果当我跑到十几公里的时候就疲惫不堪了,因为我被前面那段遥远的路吓到了。"

当我们想要达成某个目标时,如果目标过于远大,容易产生畏难心理,反而寸步难行。山田本一的成功秘笈,其实就是将漫长的马拉松路程分解成一个个清晰明确的阶段性目标。每当实现一个小目标时,就能获得一个正面的激励,从而为自己继续努力提供动力。

我们想要让绩效稳步提升,也可以参考这样的思路,先充分了解当前现状,给自己设计清晰、合理又可达到的绩效目标。这样的目标如何制定? 需要我们分以下两步走:

第一步,分析绩效现状

我们首先要充分分析现状,了解自己当前的绩效水平,以及当前的优势项和薄弱项。最简单的思路是,用当前自己绩效的各项数据跟部门平均数据做比较,确认自己各个指标在目前部门的水平。

我们以客服新人小李一个月的绩效数据为例:

表 10-4　客服小李某月的绩效数据

姓　　名	日均接待量/(次)	一次性解决率	好评率
小　李	61	71%	73%
部门平均	80	80%	71%

我们需要结合绩效数据思考,哪项关键指标的提升能够对整体绩效的提升带来更大的帮助? 如果短时间内所有指标都同步提升很难实现,我们可以重点关注目前对提升整体绩效最有益的指标。

从小李目前的数据看:

好评率数据略高于部门平均水平,是目前的优势指

标,需要继续保持;

日均接待量和一次性解决率都不甚理想,明显低于部门平均值。其中接待量可以通过短期的努力获得较大幅度提升,因此小李下一阶段可以将接待量作为绩效提升的重点。

第二步,基于当前现状设定合理目标

在制定绩效目标时,如果直接参考别人的目标,很可能会偏离自己的实际,难以达成目标从而引发挫败感。这时我们需要了解怎样的绩效目标算是切实合理的。

在管理学中,好的目标需要符合 SMART 原则,即具体的、可测量的、实际可行的并且有明确的时限。这个原则同样适用于绩效目标的制定。

图 10-2 SMART 原则

首先,目标要具体、可测量。如:

"我要提升下个月的服务效率",这个目标就是模糊

的,不符合具体的、可测量的标准;

"下个月我要将日均接待量提升到 XX 个",每日的接待量是具体可测量的,目标就被进一步明确了。

再有,目标要切实可行。太高的目标容易挫伤积极性,我们设定的目标最好比自己的能力稍高一点,带有一点挑战性。如:

小李上个月的数据中,日均接待量是 61,每日的接待量是在 50—75 之间,数据最好的几天可达 70 以上。如果下个月的目标是接待量提升到 90,就不太可能实现。如果日接待量设定在 70—80,则是一个相对切实可行的目标。

在实行的过程中,我们需要跟踪自己的目标实现情况,视情况做出一定的调整。

此外,好的目标还要有明确的时限。如:

小李说:"我想将好评率指标提升到优秀档。"这个目标没有明确的时限。制定绩效目标的周期一般以一个月为限,但对于小李来说,在一个月内难以达到优秀档。这时可以将这个目标实现的期限设为 3 个月,再拆解成每个月可实现的目标值。

好的目标能够成为我们前进的助推力。我们要结合自身实际,制定明确合理的目标,在实现的过程中累积工作经验,克服阻碍,让我们的努力有正向的回馈。

三、如何进行绩效跟进与反馈

如果将设定好绩效目标看作是目的地,绩效管理就像是驾车去往该目的地的过程。出发后可能会遇到道路堵塞,可能会错过某个路口,或者绕了一大圈才能到达目的地。这些都是在达成绩效目标的旅程中常出现的问题。

如何规避这些问题,少走弯路呢?我们需要在绩效管理的过程中,实时跟进,发现问题后及时反馈调整,保证目标的达成。

(一) 跟进绩效目标的执行

客服新人刚开始大多抱着尝试、学习的心态工作,没有太多绩效管理的经验,达成绩效方面可能会遇到一些问题。如"虽然定目标时觉得可实现,但是实际做的时候却完不成"或"计划赶不上变化,忙起来压根没空关注"。

有了绩效目标,我们该如何实现计划有效执行呢?

1. 目标拆解法

我们不妨将大的目标进行拆解,变成易于操作的具体目标,这种方法叫"目标拆解法"。如可对绩效中的接待量目标进行拆解,具体如图 10-3 所示。

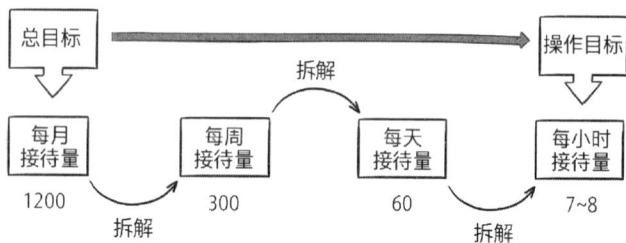

图 10-3 月接待量目标拆解

拆解完目标后，并不是要求每周、每天、每小时必须严格遵守，而是将拆解后细化的量当成心中的一杆秤，以此提醒自己实时关注接听效率，跟踪绩效目标的达成情况。

2. 分周期、分任务法

在跟进绩效目标的执行过程中，除了对各指标进行拆解，我们还要对绩效的执行进行整体把控。我们可以采用"分周期、分任务"的方法来跟进绩效，具体操作方法如表 10-5 所示。

表 10-5　"分周期、分任务法"示例

绩效指标 周期	第一周	第二周	第三周	第四周
	主要任务目标：效率		主要任务目标：质量	
效率：每小时接待量	8 （良好）	9 （优秀）	7.5 （中等）	7 （中等）

周期 绩效指标	第一周	第二周	第三周	第四周
	主要任务目标：效率		主要任务目标：质量	
质量：一次性解决率	90%（中等）	90%（中等）	95%（良好）	95%（良好）
质量：好评率	75%（中等）	75%（中等）	80%（良好）	85%（优秀）

采用分周期、分任务法跟进绩效，可以让自己保持松弛有度的状态。我们可以根据每周的目标达成情况做总结。如果每个月前两三周目标达成顺利，会比较有信心，后一两周主要是跟进保持。如果发现前面有数据低于目标值，可以在后一两周把低的数据拉上来。

3. 回形针法

繁忙的工作过程中，我们如何实时关注自己的绩效数据呢？除了从绩效系统中拉取数据，还可以用一些简单的方法实时跟进，这里介绍一下"回形针法"。

比如，小李当天的接待量目标是75，可以在座席上放2个回形针盒子，其中一个盒子里有75个回形针，另一个盒子是空的。小李每接一个电话，就将一个回形针转移到空的盒子里。当回形针全部转移到空盒子里，也就代表着一天的目标量完成了。

这个方法不仅简单，易于操作，而且具有可视性。当看着另一个盒子里的数量慢慢增加,似乎在给自己鼓励,"看,你离目标又近了! 加油!"

(二)检查绩效执行中的问题

在一天或者一段时间的电话接听后,我们可以及时检查绩效执行中的各项问题,确保没有偏离绩效目标。

- 哪些数据超过目标值?
- 哪些数据基本达标?
- 哪些数据离目标值还有些距离?
- 又有什么新的问题出现了?

客服新人在服务的过程中大多非常耐心仔细,会反复确认各种信息。这样做的好处是好评率比较高,但容易影响服务效率,接待量可能会变低,反而影响到整体绩效目标的实现。

当我们发现绩效的计划和执行与整体目标出现偏差时,需要及时补救。要针对该问题进行调整反馈,避免"捡了芝麻,丢了西瓜"。

(三)总结复盘经验并运用

在实现绩效目标的过程中发现问题后,我们要找出原因,做好总结复盘。绩效复盘就是提炼绩效达成的成功经验,总结可复制的技巧。对未达成目标的失败原因,思考是否有改进的方法，通过刻意练习补足短板。

以缩短通话时长为例，我们可以结合客户的具体问题和自己的录音，用问题清单进行总结复盘，具体如表 10 - 6 所示。

表 10 - 6　录音问题复盘示例

客户具体问题	优秀点	待改进点	改进方法或注意事项
保险理赔	耐心细致，主动询问详细信息。	存在业务知识盲点；操作不熟悉，客户等待时间过长。	填补知识盲点，拓宽业务知识面，熟悉赔款操作界面。
快递未收到	安抚话术贴心；主动提出帮客户联系快递人员。	表达啰唆；口语多。	练习简洁表达；注意口语化的习惯。

针对典型问题，总结出可复制的提升方法并运用到未来绩效管理的执行中，让好的工作方式变成一种习惯。

绩效管理是一个循环式提升的过程，需要对绩效目标做好规划，对绩效的执行随时跟进，对问题及时检查，对结果总结复盘。当我们在工作中兼顾效率与质量，不断改进工作方法，绩效也就随之稳步提升。

第十一讲
作为客服如何给自己充电

　　繁忙的客服工作常让我们感觉疲惫,做好精力管理可以帮助我们更好地应对客服工作中的种种压力。要保持充沛的精力,我们需要建立健康的生活方式,给自己及时充电。

点点的职场故事·11

　　点点在领班和晓雪的帮助下,每天坚持进行业务整理复盘,绩效得到显著提升,终于在下一个月顺利转正。

　　当点点感觉工作渐入佳境时,公司的业务迈入了忙季。7、8月份各地天气不稳定,属于航班变动的高发季节。北上广深等地突降大雨或刮台风时,作为靠天吃饭的航空相关行业,就会迎来一波业务高峰。点点他们也迎来了一年两度的加班季。

　　7月一天的早上,上班时急降大雨。当点点匆忙赶到公司时,不仅衣服、鞋子湿了透,连里面的袜子都浸了水。

淋了雨,身上湿嗒嗒的有些难受,点点强颜欢笑跟同事打完招呼,一屁股坐到自己的工位上,安慰自己:"还好赶上了打卡,没迟到。"

大雨天也正是业务最忙的时候,点点打开电脑进入工作状态,立刻就有电话进线。

第一个打进电话的客户是位带孩子的妈妈。因为天气这位客户早上的航班延误了,着急想改签到当天的航班。客户目的地的酒店都订好了,特意请了几天假,就为了陪孩子一起出去玩,不想让孩子失望。

客户语气焦急:"我跟孩子一早赶到机场,已经等了一上午了,机场柜台一直让等通知。我拖着行李带着孩子特别折腾,你能不能帮我确认下今天到底能不能走?"

电话那头声音嘈杂,隐约能听到话筒里不间断的机场电子语音提示声。点点从客户无奈的声音里,感受到带娃出行中的不易。赶紧帮客户查询当天的航班,发现确实没有可改航班了。又查了当地的天气,发现即便继续等待也很难保证能当日出行。

点点先将查询到的信息尽量周全地告知客户,并结合飞机起飞对天气的要求,耐心跟客户解释,建议客户调整出行计划。

客户原本因计划被打乱而焦虑,听完点点耐心细致的解释,情绪逐渐平静。虽然心怀遗憾,仍连连道谢:"谢谢你啦,小姑娘。天气不好确实也没办法,辛苦你尽心尽力替我出了这么多主意,谢谢,谢谢!"

点点结束了这通电话后长舒了一口气,本想转头跟晓雪吐槽下这糟糕的天气,看到她正飞速地敲打着键盘,其他伙伴们也都在一脸专注地接着电话。由不得多感叹,电话声再度响起,她马上接起下一个电话。

后面第二个,第三个,第四个……客户的情况一个比一个着急。终于到了中午吃饭的时间,点点摘掉耳机站起来,低头看看自己湿透的鞋袜,郁闷地长叹了口气。晓雪从后面拍了一下点点:"吃饭去啦!"点点却是一副笑不出来的表情。

晓雪问:"怎么啦?"

点点指了指脚下:"早上来鞋子都湿透了,穿了一上午好不舒服。"

"怎么不早说呀,我早上来公司鞋子也湿了。不过我放了两双备用鞋子在这,不介意的话我拿双拖鞋给你。"晓雪赶紧拉着点点到自己位置上,取出鞋子递给她。点点非常感动,脱掉湿冷的鞋袜换上拖鞋,整个人都清爽起来了。

吃午饭时,点点跟晓雪聊起了上午接的电话,发现晓雪遇到的单子比自己的更棘手,但从她嘴里说出来像是没多大事儿一样。点点既佩服又好奇："我以为我遇到的几个单子已经挺难的了,没想到你遇到的更麻烦,你怎么还这么淡定?"

晓雪一脸见怪不怪："其实我刚进组时遇到这么忙的情况,也是慌得不行。后来呢,我发现慌也没什么用,再难的事情一件一件处理就好了。而且越忙的时候越要照顾好自己,上班时带些酸奶、水果、零食之类的,趁着工作的间隙给自己补充点能量。"

听到这番经验之谈,点点一脸受教的表情。晓雪感叹："真要说辛苦呀,你看看咱们的领班。"

点点回到位置上,发现佳佳还在忙着处理上午的投诉,旁边的饭也没见少,看来是忙得饭都没时间吃。点点看离下午工作时间还有几分钟,就去自动售卖机上买了两瓶奶茶,带了一瓶给佳佳。点点回来时,佳佳终于挂了电话,继续"哒哒哒"地敲着键盘。

"佳佳姐,给你最爱的红茶拿铁。"点点把奶茶递到佳佳手里。

佳佳刚刚还紧皱的眉头一下子舒展了："谢谢你啦,正准备让谁给我带一瓶,忙了一中午都没空!"

佳佳连喝几口,长舒一口气："今天上午的投诉是真难搞,有些客户说得我都觉得冷冷的雨在我脸上胡乱地拍!"说完拍了拍自己的脸庞,做出凄惨的表情,点点跟佳佳一阵大笑。

佳佳问点点："你第一次遇上忙季，也挺手忙脚乱的吧。"

点点回道："是有点，不过还行，有不懂的我就问晓雪他们。"

佳佳点点头："那就好，看来你的抗压能力还挺强的。上午的电话还有没有什么不明白的？如果有的话，我把这个单子搞定来帮你看看。"说完放下奶茶，继续操作之前的投诉单。

看到佳佳既要处理好各种投诉，又要跟进小组的各项数据，还不忘关心组员，点点原本压在心里的抱怨突然少了很多。忙的时候谁都不轻松，大家一起并肩作战，为客户解决燃眉之急。点点想：如果能坚持下来，自己有一天是不是也能像佳佳一样独当一面？

一、"压力悖论"与精力管理

在客服的日常工作中，每天要处理大量的客户诉求，需要我们全力投入。虽然看起来好像没做什么高强度的体力工作，但一天下来往往容易感到筋疲力尽，就像手机耗尽了电量要关机一样。尤其到了业务旺季，可能一段时间都会处于满负荷的状态。业务需求量的增加，工作时间变长,工作强度变大,我们常感觉还没来得及休息恢复,又要投入到紧张的工作中。

如果将精力储备比作是一杯水,在繁忙的工作节奏下,精力一直处于消耗的状态,就像杯中的水被逐渐倒空,却没有足够的时间蓄满。长此以往,我们会感觉自己的生活被压力一步步蚕食,精力耗竭却无力改变现状。

(一) 压力大的表现

压力大会给我们带来哪些影响? 看看你是否有以下状况:

- 入睡困难,睡眠浅或早醒;
- 情绪波动很大,时而会莫名发脾气;
- 注意力难以集中;
- 常感觉全身酸痛,尤其是肩颈、腰、背等部位;
- 容易肠胃不适,或频繁感冒;
- 变得特别喜欢吃甜食及各种高热量的食物;
- 一到休息时就浑身乏力,懒得动弹……

如果已经出现了上述多种状况,并持续一段时间,这提示我们压力已经在一定程度上影响我们的生活了。

(二) 有关压力的悖论

压力给我们的生活、健康带来了种种负面影响,让我们疲劳、焦虑、睡眠质量不佳、免疫力下降。压力对我们的身心"有害"，管理压力就是要想办法减轻压力。真的是这样吗？如果没有压力，我们的生活里就没有烦恼了？我们的幸福感就会增强？

在一项覆盖121个国家的调研中发现一个看似奇怪的现象，压力指数越高的国家，国民幸福度越高。人们越感觉压力大，对健康、工作、生活水平反而越满意。可见，幸福生活不是没有压力，没压力的生活也无法保证幸福，研究者把这种情况叫作"压力悖论"。

在现代快节奏的生活模式下，没有谁的生活能够完全剥离压力而存在。当我们在生活中有所追求，积极投入生活时，自然会带来担忧与压力。带给我们压力的事情，同样给我们的生活带来了意义感与价值感。如：

- 迎接工作中的挑战可以让我们获得成就感；
- 保持自律、坚持健身可以让我们收获健康；
- 抚育孩子可以让我们收获参与孩子成长的欣喜……

当我们能够看到压力的积极面时，更能善用生活中的资源，主动积极地应对与解决问题。对待压力，我们需要避免非黑即白，应更灵活地看到压力的正反两面。

（三）选择适合的休息方式，做好精力管理

即便面对同样的工作压力，你可能发现身边有些伙

伴能一直保持精力充沛的状态。他们是天生精力就比其他人充沛？还是承压能力比其他人强？

其实我们每个人的精力资源是有限的,不能被无限消耗。保持状态的关键在于,建立起精力消耗(压力)和精力再生(恢复)的动态平衡。上班时高强度、快节奏,下班后我们期望通过高质量的休息摆脱疲劳,放松神经,重新恢复精力。但我们常用的休息方式,可能并不能帮助我们有效地恢复精力。我们来看看新人客服小张的日常:

从事客服工作一段时间后,小张在业务上逐渐上手,但感觉种种无形的压力让自己的状态越来越差。每天上班下班两点一线,上班时尽力打起精神,下班后只想早点回到宿舍。话也不想多说,只想躺着追追剧、刷刷手机。经常第二天要上早班,前一天晚上却怎么也睡不着,一不小心又熬到很晚,上班时全靠咖啡续命。吃饭多是通过外卖来解决,几个月下来已经胖了七八斤。长期坐着缺乏锻炼,跟风办过一张健身卡,但去过一次后就闲置了。到了休息天也懒得出门,跟朋友们的联系越来越少,感觉孤独却又懒得主动社交。

小张感觉做了这份工作后,自己越来越不开心,这是怎么了?

小张的日常里是不是包含了我们很多人的生活方

式？看着是将主要的时间都放在休息上，效果却不佳，原因是选择的休息方式不当。

通常我们工作了一天感觉很累，第一反应是早点回去躺着。但其实偏静止的休息方式更适用于睡眠不足或体力劳动的对象，能帮助身体补充失去的能量，排除体内堆积的废物。

客服岗位属于轻体力、偏脑力的工作。一天下来，大脑皮层处于兴奋的状态，但身体处于低兴奋状态。如果像小张那样，下班后选择回去躺着刷手机，不管是刷娱乐新闻、追剧，还是看小说、逛淘宝等，都容易让大脑皮层持续兴奋。就好比是已经跑完一千米之后还要继续打半个小时球，并没有真正起到休息的作用。因此，偏静止的休息方式并不适用于偏脑力工作的客服岗位。我们如何休息才能有效恢复精力呢？

我们大脑的皮层有不同的功能区，从事不同的活动，大脑皮层兴奋的区域也不一样，这一区域活动，另一区域就休息。客服工作过程中，我们的精力多花费在集中精神与客户沟通，大脑的特定区域已经处于持续兴奋状态。到休息时，我们可以尝试改换活动内容，比如运动、散步、从事个人兴趣爱好等，调用其他大脑皮层区域，让工作时兴奋的大脑皮层区获得休息。

了解了休息的原理，我们可以回顾下自己是否有一些不良的生活方式? 我们要遵循精力消耗的节律与规律,主动调整自己的生活方式,更好地管理我们的精力。

二、调整生活方式,适时充电

哪些生活方式的调整,可以帮助我们适时充电,保障持续而充沛的精力呢?

(一)周期性睡眠

客服大多班次不固定,无法形成固定的生物钟,导致我们经常到了睡觉时间难以入睡,工作时又昏昏欲睡。其实我们可以通过把握睡眠周期,提升睡眠质量。

我们通常认为一定要睡满 8 小时才足够,事实上有人睡 5~6 个小时就能精力满满,有人睡 8~9 个小时还不够。我们每个人需要的睡眠时长是有差异的,不必过于纠结是否一定要睡满 8 小时,只需保持适合自己的睡眠时间即可。

国际睡眠医学学会将睡眠分为五个阶段,即入睡期、浅睡期、熟睡期、深睡期、快速眼动期。一个完整的睡眠周期大约在 90~120 分钟。在深度睡眠阶段,身体能得到最大程度的复原和生长。一般来说,一周 28~30 个睡眠周期是比较适合的。所以有一个"没有睡好的糟糕晚上"也不用太担心,我们只要保证不要连续性的缺乏睡眠周期就可以了。

想要提升睡眠质量,我们可以做些什么?

睡觉前一个小时冲个温水澡,让身心得到放松,同时体温升高之后再下降的过程会让自己更有睡意;

睡觉前1小时调暗室内灯光,促进人体褪黑素的分泌,给身体提供要睡眠的暗示;

如果25～30分钟仍未睡着,起身在柔和的灯光下看看书、听听广播,等有困意的时候再回到床上;

避免在床上过多使用电子产品或吃东西,要建立床和睡觉的联系。

(二) 穿插式休息

我们白天的精力也有循环周期,精力的波动与次昼夜节律相关。我们的身体在工作90～120分钟后,就会变得疲惫,进入一个待休息恢复期。所以在工作了一段时间后,需要采取一些方式进行及时的调整,利用碎片时间里见缝插针地休息,避免突破身体的极限点。如:

- 站起来伸个懒腰,做几个肢体舒展动作;
- 做几个腹式呼吸;
- 去茶水间倒水;

- 吃个水果或喝杯酸奶；

- 吃几粒坚果或一根巧克力棒；

- 去上个厕所……

如果工作间隙有 10～20 分钟休息时间,我们还可以小睡一会儿,时间不要超过 30 分钟,也不一定必须在中午。小睡一会儿能降低体内压力荷尔蒙的分泌,提高注意力,增强思维灵活性。

(三) 低升糖饮食

我们或许都有这样的经历：在饥肠辘辘时,最想吃的是香香的点心、甜甜的蛋糕……这些食物短期内能激发精力,但往往使精力水平下降很快,因为它们都属于高碳水、高血糖指数(高 GI)的食物。

为了维持高效持久的精力,我们在饮食上需要注意哪些方面?

少食多餐。吃的一个核心原则是维持血糖的稳定,吃得过多或过少,都容易让身体不舒适；

吃早餐。当早上醒来,已经有很长一段时间没有吃东西了,这时需要及时补充血糖,推动新陈代谢；

选择低升糖指数(低 GI)的食物。选择升糖指数低的食物,更能提供稳定的精力。

以下是常见食物的 GI 表。

表 11 - 1 常见食物 GI 表

食物分类	名　称	GI	食物分类	名　称	GI
主食类	大米	84	蔬菜类	生菜	22
	馒头	88		莴苣	23
	燕麦	55		番茄	30
	荞麦面	59		菠菜	15
	小麦	41		苦瓜	24
鱼肉类	牛肉	46		洋葱	30
	鸡肉	45	豆、乳制品	脱脂牛奶	30
	鱼肉	40		全脂牛奶	27
	猪肉	45		低脂奶粉	12
水果类	苹果	36		酸奶	25
	柚子	25		绿豆	27
	梨	36		冻豆腐	23
	奇异果	35		大豆	18
	樱桃	22		鲜豆腐	32

(四) 间歇运动

为了更高效、积极地应对工作中的挑战,我们还需要养成运动锻炼的习惯。

在面对压力时,我们的身体会自然进入应激状态,如心跳和血压增高,血液流动与循环加快,为身体提供更多氧气,以达到自我保护的作用。运动可以自然地激活和调整我们的应激反应,帮助我们保持身体健康,提高应对挑战的能力。

此外,运动能促进大脑分泌内啡肽,内啡肽又称"快乐激素",能给我们带来欣快感,舒缓紧张情绪。

传统的运动方式是 20~30 分钟的重复运动,每周 3~5 次。但是有研究发现,间歇运动的效果更好,能增加能量储备,从而承受更多压力,让身体更高效地恢复。它的基本前提是运动和休息穿插进行,可以完成更大强度的工作。以跑步为例,具体如图 11-1 所示。

循环30分钟

快跑3分钟 ➡ 心率达到120 ➡ 休息 ➡ 心率降到90

图 11-1 间歇运动法示例

一般推荐慢跑、游泳、爬楼梯、骑自行车等有氧运动项目,让我们能够有节奏地提高和降低心率。

(五) 发展兴趣爱好

前面我们说到,工作时大脑的某些区域持续兴奋,容易导致大脑疲劳。休息时我们需要做点和工作不一样的事情，保持并发展自己的兴趣爱好，让我们的生活注入新鲜的元素，如绘画、手工、瑜伽、拉丁舞、阅读等。

做自己喜欢的事情，可以让我们对生活充满期待，能体验到和工作不同的经历。加入各种兴趣小组、社团、组织等，可以让自己获得更多的人际支持。

（六）冥想练习

生活中很多自动化的行为，如吃饭、洗漱、拿手机等，不需要耗费我们太多注意力。而当我们做着手里的事儿，心里想着其他事儿，会让我们的大脑信息过载，容易产生疲惫和压力。

大脑需要休息，冥想可以帮助我们清扫大脑，将自己从各种想法、烦恼、外部刺激中解脱出来。训练意识回到当下，专注于当下，提升对身体的自我觉察，让思维越来越清晰。该如何进行呢？

跟着网络视频、音频或者 App 进行冥想，每次 10～15 分钟；

步行时也可以冥想，如关注步行的速度、留意手脚肌肉和关节的变化、感受与地面的接触、默念 1（左脚）2（右脚）1（左脚）……

做好精力管理，养成张弛有度、科学健康的习惯。生活方式的调整,可以让我们在工作生活中全情投入,保持精力充沛,更游刃有余地应对各种挑战。

三、改变,从养成新习惯开始

我们意识到压力来自不健康的生活方式,于是想要尝试改变。但尝试改变的过程往往像每年列出的新年计划一样,开始时非常积极地付诸行动,慢慢地就又回到以往习惯的生活模式中。

为什么大多数人都会在改变的过程中受挫呢?因为吃、睡、运动这些看似简单行动,其实都需要我们付出顽强的意志力对抗固有的习惯。对自己的行为进行控制的过程中,容易消耗本身就有限的精力,最终导致我们浅尝辄止。

改变的过程,其实是用新习惯代替旧习惯的过程。我们该怎么做?

(一)从最简单的行动开始

很多人都有减肥的经历,满怀信心地做出减肥的计划。早上慢跑半小时,中午只吃减脂餐,晚上来套帕梅拉。几天之后,无奈地发现,坚持太难了,还是来顿火锅犒劳下自己吧!

改变为何如此之难？原因就在于我们太贪心，想要一步到位。要执行的行动太多，导致我们有限的意志力不堪重负，很快就耗尽了精力，让我们无法坚持下去。如每天慢跑半小时之余还要再做健身操，这对于一个不常运动的人来说是很难做到的。这时该怎么办？

从简单易达成的行动开始，调整行动的难度，如只要求自己每天跑 5—10 分钟。这个任务难度比较低，执行起来很容易，不需要我们调动多强的意志力即可完成；

当迈出行动的一小步之后，我们可以从中获得一定的成就感，驱动自己愿意继续做这件事。随后我们可以慢慢增加任务的难度，如增加跑步的时间，直到可以做到每天慢跑半小时。

相比把自己逼得太紧太急，把精力放在我们可以做到的改变上，从最简单的行动开始，可以降低我们的执行难度，使得我们更轻松地完成任务，更容易坚持下去。

有了一定的成就感，我们才有信心去达成更有难度的目标，一步步循序渐进地改变自己的现状，直到达成最终的目标。

（二）利用 WOOP 思维持续推动改变

即便是小习惯的养成，我们也会遇到一些阻碍，导致任务难以执行。如之前每天跑步五分钟的计划，可能因为昨天上班太累、今天天气不好、明天临时有事等原因，使得计划泡汤。

心理学家加布里埃尔·厄廷根（Gabriele Oettinger）提出的 WOOP 思维，可以系统化地帮助我们改变自己的行为习惯。如何利用 WOOP 思维推动新习惯的养成？

第一步，W（愿望，Wish），明确愿望。

我们需要放松下来，思考一个自己可以实现的愿望。如果有好几个愿望，那么就选择一个最重要的。

比如，为了锻炼身体，每天晚上坚持慢跑。

第二步，O（结果，Outcome），想象结果。

想象愿望实现后，最好的结果是什么？结果越生动具体越好。

比如，想象养成锻炼习惯后，身体会更加健康，睡眠质量更好了……

第三步，O（障碍，Obstacle），思考障碍。

很多事情在执行的时候，多多少少都会遇到障碍，并不会像我们预想的那么顺利。我们需要思考，哪些障碍会阻碍我们达成计划。

比如，下班回家后感觉很累，就想躺着，不想跑步。

第四步，P（计划，Plan），制定计划。

根据自己预想的障碍，思考如果要克服或规避这些障碍，我们可以怎么做？

根据自己可以达成的行动,制定"如果—那么"计划:如果障碍出现(何时何地),那么采取何种行动来实现目标。

比如,我想下班后去跑步,**如果**我回到家时很累,**那么**我就定闹钟休息 10 分钟,闹钟响了就马上起来穿上跑鞋出门。

我们还可以制作 WOOP 卡片,用来提醒自己遇到阻碍可以怎么做。

W 愿望	锻炼身体,每天晚上坚持慢跑
O 结果	身体更加健康,睡眠质量更好了……
O 障碍	下班回家后感觉很累,想休息,不想跑步
P 计划	

如果:回到家时很累　　　　　　　　**那么我就**:定闹钟休息10分钟,闹钟响了,
　　　　　　　　　　　　　　　　　　　　　　　就马上起来穿上跑鞋出门

障碍(时间地点)　　　　　　　　　　　**采取行动克服障碍**

图 11-2　WOOP 卡片示例

新习惯的养成,需要从小的、可达成的行动开始。利用 WOOP 思维,推动我们持续做出改变。逐渐养成健康的生活习惯,让我们的工作与生活张弛有度,保持充沛的精力。

第十二讲
如何拓展客服的职业前景

　　从事客服行业一段时间后,我们可能会面临职业发展的瓶颈,思考职业发展的前景在哪里? 这时我们需要先了解客服中心通常有哪些方向的发展机会,分析自身现状,从而确定职业发展的方向并为之努力。

点点的职场故事·12

　　新年伊始,喜庆的节日氛围还未消散,客服中心便被一场突如其来的疫情打得措手不及。大量航班发生变动,来电咨询量猛增,高峰时甚至达到了平时的 5 倍。不但点点没见识过这么严峻的业务形势,组里的老员工们也从未经历过,一场"恶战"打响了。

　　因为疫情防控需要采用的隔离措施,大部分员工都安排在家办公。点点回公司取了办公设备,开启了在家办公模式。最初的几天,疫情原因导致的大量退票让点点处于连轴转的状态。每天排班 10 小时，还要花额外的时间跟进单子。几乎每天一睁眼，除了吃饭睡觉，其他时间都在工作。

家人也因疫情不能出门，时刻关注着疫情的最新动态。电视上轮番报道着医护人员逆向而行、奔赴一线的感人事迹。虽然佳佳、晓雪这些伙伴们不在身边，但点点和大家都在线上保持着密切的交流。

佳佳在群里号召："这次的疫情是前所未有的挑战。虽然不能像医务人员一样奔赴一线，但我们可以坚守在工作岗位上，为客户解决好问题，发挥我们自己的力量。"点点想，作为旅游行业的客服人员，在这样举国奋战的背景下，能做的便是尽自己所能，坚守一线，为因疫情影响了出行的客户们提供帮助。

疫情刚开始时，很多预订了行程的客户都急切想确认未来几日能否出行，行程能否免费退改，等等。不少航空公司没有来得及公布相应的退改签政策，因此具体的处理方案还需要联系航空公司确认。业务量激增，航空公司的电话非常忙碌，一时半刻难以打通。虽然很多客户来电时焦急难安，但在点点的耐心解释和安抚下，客户慢慢变得理解与配合。

点点接到过一通涉及四段行程退订的来电，需要跟多家航空公司协调处理。客户电话中都没抱太大的希望:"我自己也打电话问过航空公司了,但是都没有结果。我知道你们现在很忙,请你们尽量帮忙问问看吧。"

点点安慰道:"您的多程航班处理起来比较复杂,现在航空公司电话也比较难打。不过您放心,我会帮您持续关注的,等政策出来一定会尽快处理。"

后续,点点持续帮客人跟进,核实各家航空公司的最新政策,查询航班动态。在多次沟通争取下,这个订单最终成功办理了免费退票,为客户减少了损失。

客户在问题顺利解决后,特地发来一封表扬信:

"李小姐,您好!

发此邮件,特别感谢您高效率的工作!我是你们的老客户,我们原计划的自由行因疫情被迫取消。对于预订的机票和酒店的退订问题,内心十分彷徨。

退订涉及多个网站,自然也就感受到了不同网站的服务水平。无形之间,服务的差异浮出水面。有幸遇到您,无论是沟通效率,还是解决问题的能力,都堪称完美。我知道您工作不是为了表扬或感谢,但我认为任何时候正能量都需要弘扬。

在了解情况后,你不厌其烦地帮我想办法,力图减少我的损失。建议我再耐心等等,自己暗中为我努力,一遍又一遍联系航空公司,核实机场动态、航班动态。一次又一次来电安慰我不要着急,告诉我问题解决的方法和进程。为我不知打了多少电话,操了多少心,终于解决了我的机票问题,带来了意想不到的好结果。

整个过程是如此的耐心、细致、专业、周到,处处为了客户着想,着实让人感动。服务的好坏,直接影响客户的后续选择。在此再一次感谢您!

最后,祝您生活愉快,工作顺心!"

看到客户一字一句的真诚反馈,点点的心一下被戳中了。在整个事件的处理过程中,自己根本来不及想太多,只想着尽自己努力做就对了。很多客户的行程都被疫情影响了,自己能帮一个是一个。在航空公司政策不确定、疫情发展形势不明的情况下,这些棘手问题的妥善处理,除了需要自己的努力,也需要客户的配合。这封信让点点感动于客户的信任,同时也坚定了自己在服务这条路上的坚持。

第一次遇到这么忙碌、高压的情况,点点也曾想过打退堂鼓。但看到大伙儿拧成一股绳,投入十二分的战斗力迎战疫情,又听到客户发自内心的真诚感谢,自己又怎能退缩呢?

终于,公司度过了疫情初期的业务量暴增期,业务量逐渐平稳下来。虽然还不知道疫情的影响要持续多久,但点点相信,一旦疫情过去终将迎来春暖花开。

这两个月,点点休息的时间比之前多了一些。电影院、餐厅等休闲场所还没恢复,跟小伙伴们相约看电影、逛街、吃饭一条龙的活动少了很多。趁这段时间,点点挖掘出了烘焙、跳操的新爱好。跟着美食博主学做甜品,不管成功与否,反正最后都进了自己和家人的肚子;将跳操视频投屏到电视上,跳半个小时出上一身汗,抵消吃了甜食的罪恶感。

点点觉得这样的生活挺轻松惬意的,没有太大的工作压力,业余又可以做一些自己喜欢的事情。但一闲下来,一些之前没空多想的事情开始在脑海里盘旋。比如,做客服这个工作未来的发展、今后的前途,等等。

进公司这一年,点点心中有了几位膜拜的对象。一位是部门的业务标兵陆霞,再棘手的订单到了她手里,都能得到妥善的处理,简直就是大神级的人物。点点还听说像陆霞这种业务骨干,工资比一般的管理人员都高。经过了一年的历练,点点自己的能力在逐渐提升,很多之前觉得做不到的事情,现在也一步步得心应手起来。如果再多一些学习和锻炼的机会,点点相信自己对业务的掌握会更加全面扎实,也能向大神慢慢靠拢。

另一位点点崇拜的对象就是领班佳佳。佳佳做领班的时间不长,但管理风格松紧有度,总能给到组员恰到好处的帮助。小组的氛围很温暖,成绩也不错。佳佳一直鼓励组员向上发展,比如推荐组里的业务骨干晓雪做储备领班。平时也给晓雪创造各种机会,锻炼其作为领班的能力,比如处理投诉、汇总统计数据等。点点想,等自己的工作经验再多些,业务能力再强些,也要向佳佳争取这方面锻炼的机会。

还有一位点点想学习的对象,是部门的培训师陈丽。初入职时,点点在参加了陈丽的培训后,不安与迷茫都消散了很多。入组后,也参加过陈丽组织的缓压或团建活动,帮助自己缓解压力,更深入地了解团队小伙伴们。点点想,陈丽的岗位需要些什么能力呢?是会讲课?搞活动?还是要懂一些心理学的知识?这些点点都挺感兴趣的,但是从哪学起呢?

这些入职以来的榜样,像是通往不同方向的道路,都在等着点点探索。每条道路都不是一马平川的坦途,都需要点点在未来付出不断的努力。入职前的点点有过几次失败的职场经历,让她感觉自己做什么不行。

这一年来,点点就像破茧的蝴蝶,完成了成长的"蜕变"。少了犹豫和迟疑,多了自信和果敢。忙过、累过、自我怀疑过,同时也感动过、努力过、和伙伴们并肩作战过。现在的她既不懊恼过去,因为已经付出了足够的努力;也不畏惧未来,因为她体验过了挫折后的振作、勤奋后的进步。

时间像是一条河流,不断前行。因为有了这一年的成长,即便未来会遇到新的困难,点点也相信自己能够直面挑战,不会退缩。23岁仍是青春焕发的年纪,点点很喜欢现在这个笃定又自信的自己。未来要往哪个方向发展,点点心里还有诸多的不确定,但这种不确定并不令人担忧。伙伴们的支持、客户的认可、努力后的成长,都化作让点点内心强大的养分,激励着点点有勇气去尝试更多可能!

一、职业发展遇瓶颈怎么办

有些伙伴从事客服工作的初衷往往是,当时没有其他更好的选择了,这个工作看着门槛不高,就先做着试试看吧。工作一段时间后,可能会感觉:

● 每天照着业务流程做着重复的事情,工作的可替代性太强;

● 看不到更多的出路,职业发展上升通道窄;

● 累积的业务知识与经验很难迁移到别的行业中。

很多伙伴想改变现状却没有勇气,想尝试新的出路却没有自信,这时便遇到了从事客服工作最常见的职业困惑:

做客服,有什么发展呢?

客服工作看着要空间没空间,要方向没方向,想要职

业发展真不知从何着手。接下来,我们试着将这个问题换个方向思考:

从事了客服行业,你打算如何抓住职业发展机遇呢?

或者再换个问法:

假如奇迹发生,在种种努力与机遇下,你获得了自己想要的职业发展,成为了某业务领域的专家,得心应手地处理工作中的各种难题,获得公司和客户的认可。回望发展的整个过程,你迈出的第一步是什么?

有没有发现,当问题变换了之后,我们的思考方向也就随之改变。当我们的思维着眼于当下的麻烦或问题时,会感觉困难重重,难以往前推进。但当我们转而关注如何实现想要的目标时,甚至假想自己已经实现了目标,回顾问题时会更容易看到方法和路径。

当我们进一步思考后可能发现,并非是真的没有发展机会,而是我们每个人都下意识地在寻求舒适感,不希望面对未知带来的焦虑与不适,觉得现状也尚可以接受。如果细细分析,会发现我们常遇到的职业发展瓶颈有两类:

● 感觉目前的工作不是自己想要的,但又不清楚自己适合什么,缺乏清晰的职业发展方向;

● 已经有了想发展的方向,如想从事人员管理或成为业务专家,但感觉目前的能力还达不到,没有自信去争取相关的机会。

这两点可以总结为"不知要去往何处"和"想要的要不起"。前者是发展方向不明确,后者是个人能力的局限。对现状既不满又无力改变,陷入自我纠结与内耗里,此时该如何突破?

我们来看个小故事。

有两个和尚分别住在相邻两座山上的庙里。两山之间有一条溪,两个和尚每天都会在同一时间下山去溪边挑水,这样不知不觉过了五年。

突然有一天,左边这座山的和尚没有下山挑水,右边那座山的和尚心想:"他大概睡过头了。"哪知第二天,左边这座山的和尚还是没有下山挑水,第三天也一样……

直到过了一个月,右边那座山的和尚想:"他可能生病了。"于是就跑去探望。上山后却发现他的老友正在不急不慢地练功,便好奇地问:"你已经一个月没有下山挑水了,难道你不用喝水吗?"左边这座山的和尚指着一口井说:"这五年来,我每日坐禅后都会抽空挖这口井。如今终于挖出水,我就不必再下山挑水了。"

如果将故事中的井比作自己的职场能力与技能,你会在做好日常工作的同时,不断地深挖那口属于自己的井吗?

当职业发展机遇来临时,我们要具备足够的实力才能把握机遇。而任何能力的提升都不在一朝一夕，我们需要在最开始做好"挖井"的规划，有职业发展的意愿与职业能力提升的意识，在日常工作中不断拓展自己的能力。

二、拓宽你的职业成长赛道

我们希望在客服这个行业有所发展，可以先了解呼叫中心内部有哪些方向的发展机会，然后结合自身情况找到自己的发展方向，确定自己的发展目标，再针对性地培养自己的能力，使自己能够胜任想要发展的目标岗位。

（一）"横向"与"纵向"发展路径

客服中心有哪些常见的发展路径呢？我们的职业发展道路通常可以分为"纵向发展""横向发展"两个方向。

1. 纵向发展

纵向发展的特点是"高管理、低技能"，指的是组织内部的职位上升，在客服中心指的是"员工—领班—主管—高级主管"这样的发展路线。一般要求我们具备如下素养：

- 较强的业务能力和客户服务意识；
- 愿意主动承担小组任务，有较强的责任心；
- 较好的数据分析能力，善于发现并解决问题；
- 善于进行绩效目标管理，执行力强；

● 善于沟通协调，具备团队合作精神……

从以上分析中我们发现，纵向发展路线对个人能力素质要求较全面。对于多数员工来讲，纵向发展通道相对较"窄"，是一条淘汰率较高的发展路线。

2. 横向发展

横向发展的特点是"低管理、高技能"，适合无意走管理路线而希望发展专长的员工，主要包含以下两类：

一类是指发展自己的多重职业技能，进行不同职能岗位的轮换。在客服中心，这类岗位有质检、流程、培训、文化、现场管理等，如：

● 具备文娱方面的特长，善于组织文化活动，思维活跃有创意，可考虑尝试文化岗位；

● 数据敏感性强，善于从业务流程中发现问题并设法改进，可考虑尝试流程岗位；

● 业务知识扎实，热情有耐心，表达能力强，可考虑尝试培训岗位……

另一类是指深入钻研本职岗位业务，实现职业技能的升级，在呼叫中心这种发展路径一般指从一般的客服专员发展成为客户投诉处理专家。一般需要具备的能力素养有：

● 较强的语言表达能力与沟通说服能力；

● 承压能力强，能快速进行自我情绪调整；

● 较强的应变能力,善于分析问题,能灵活变通地提供多种解决方案;

● 精通业务知识,能进行跨部门协调合作……

(二) 职业发展的 SWOT 分析

了解了客服中心内部有哪些方向的发展机会,当我们想规划自己的职业发展之路时,还需要考虑哪些问题?

● **分析自我现状:**

我目前具备哪些能力与技能?

距离我想要的方向还欠缺哪些能力与技能? 我可以做些什么提升自己的现有能力?

● **分析职业发展环境:**

目前的职业环境中有哪些方向的发展机会?

我还需要什么资源支持我的发展?

1. 何为 SWOT 分析法

在对以上问题思考的基础上,我们可以结合 SWOT 分析法对个人职业发展进行具体的分析与规划。

SWOT 分析法四个字母分别代表优势(S)、劣势(W)、机会(O)及威胁(T),是企业管理领域中的一种常用工具,同样可以应用于个人职业发展规划中。它帮助我们建立科学的自我认知,客观地评价自己的优势和劣势,识别职业发展中的机会与挑战,从而确认未来的行动方向,制定适合自己的发展计划。

我们可以结合自身情况,通过以下 SWOT 问题提纲,进行个人职业发展现状分析。

表 12‑1　SWOT 问题提纲

S(strengths)优势	W(weaknesses)劣势
发现自己在能力、技能、品质上的优点: 我在工作中的哪些方面做得比较好? 我在做哪些事情时会感到有成就感? 我收到最多的赞美是什么? 我有哪些比较突出的工作相关技能? 我有什么兴趣爱好?	**客观审视自身的不足:** 我最想拥有什么能力或技能? 做什么事情让我感到有压力? 我觉得自己当下需要改进哪些地方? 我最近几次踩过哪些坑?原因是什么? 我受到过哪些批评,有无道理?
O(opportunities)机会	T(threats)威胁
目前职场环境中的机遇: 我的专业技能在市场上是否有竞争力? 在这个岗位上再干上 5 年、10年会是怎样的? 目前的行业有哪些对我有利的因素? 我现在所处行业的潜力如何? 团队中发生什么可以给我提供机会?	**目前职场环境中的不利因素:** 我的职业经验和技能是否会过气? 同行业优秀人才多,竞争压力大怎么办? 行业中有哪些阻碍我个人发展的因素? 有哪些即使我不断提升和改进仍无法改变的环境因素?

2. SWOT 分析法的应用

我们以客服小李的情况为例,尝试采用 SWOT 分析法,分析小李职业发展的优劣势及当前所处的内外部环境。

表 12 - 2　SWOT 分析示例

S(strengths)优势	W(weaknesses)劣势
做事认真踏实,沟通富于有同理心,服务积极主动; 有较强的学习能力,能快速掌握新流程,基础业务知识扎实; 善于分析自身绩效数据,制定明确目标并执行; 乐于承担小组活动的组织任务,在组内有一定号召力。	拓展性业务知识掌握不够全面,在疑难订单的处理方面略有不足; 与强势客户的沟通经验不足,容易紧张; 办公软件如 Excel、PowerPoint 的使用不够熟练。
O(opportunities)机会	T(threats)威胁
现阶段人们旅游需求旺盛,互联网旅游行业发展前景良好; 公司注重成长氛围,值得学习的榜样很多; 在客服的岗位上深挖,提升综合素质,有机会成为资深客服专家、基层管理人员,或通过内部招聘应聘公司的其他岗位; 从事客服行业锻炼出的沟通能力同样适用于销售、社工等各种需要沟通能力的工作。	随着人工智能的发展,客服行业简单的业务必将被智能客服所替代; 未来就业竞争压力大; 公司越来越重视客户体验,对客服工作技能提出了更高的要求。

进行了个人职业发展现状的 SWOT 分析,结合客服中心的职业发展路径,我们可以明确自己下一步的职业发展方向,并可制定出具体的行动规划(见表 12 - 3)。

表 12 - 3　职业发展行动规划示例

职业发展目标	客服中心领班
行动规划	
SW 层面:利用自身优势,规避自身劣势	OT 层面:把握外部机会,规避外部威胁
利用自己学习能力强的优势,拓展业务知识面,提升疑难业务的处理能力; 利用公司的培训资源,积极参与储备领班相关能力培训,提升综合管理能力; 通过参与培训或自主学习,提升办公软件使用技能; 积极协助领班处理小组事务,积累小组日常管理经验; 尝试处理简单投诉,循序渐进提升投诉处理技巧,积累沟通经验。	利用公司良好的成长氛围,多向领班或主管学习,请教职业发展经验; 及时关注公司内部的晋升发展机会,积极参与管理岗位竞聘; 关注行业发展趋势,了解技术迭代对客服岗位需求的影响,更新相关职业技能; 了解行业内相关岗位需求、岗位职责及对能力的要求。

有了对自身情况及行业环境深入全面的分析,我们可以制定出切合自身实际的职业发展道路,明确下一步需要提升的能力,把握好未来可能出现的职业发展机遇。

三、如何走好职业发展的赛道

即便我们了解了客服岗位的不同发展路径,制定了大致的职业发展规划,我们的心底可能还是会有些踌躇与迟疑,自我怀疑"道理我懂了,但真的能实现吗?"。

我们来看一位资深客服人的真实职场经历。

人物：小吕

目前岗位：某旅游呼叫中心资深投诉专家

司龄：8 年

专长：处理疑难投诉

职业成就：多次化解有一定影响面的舆情纠纷,获得客户的高度认可与表扬,多次被评为公司优秀员工,获得过呼叫中心行业内的年度优质服务奖项。

职业发展路径：

● 在电子商务公司做一线售后客服;

● 跳槽到某大型旅游呼叫中心从事客户投诉工作,处理普通类型投诉;

● 经过岗位轮换,专门处理敏感类型的客户投诉,成为公司内少数几位高级投诉处理专家之一。

在客服人小吕从一线客服到客诉处理专家的职业发展历程中,有哪些职业发展经验是值得我们借鉴的?

（一）业务能力提升

"我进公司先从做国内机票岗位做起，熟悉业务知识、流程。从少量订单开始实践，让自己成长起来。接着换到了国际机票岗位，又继续从零开始学习。开始时感觉很难，但随着时间和经验的累积，业务水平获得了阶梯性的提升。

当业务知识掌握扎实了，再去提高自己的服务水平与语言技巧。学习别人更好的表达方式，再进行整合并运用。业务能力的成长肯定是有过程的，谁都不是一蹴而就的。"

职业经验总结：

● 把握好当前岗位的业务知识后，拓展其他相关岗位的业务知识；

● 在业务知识扎实的基础上，提升自己的服务水平与语言技巧；

● 善于从他人身上学习更好的沟通方式，并整合运用。

（二）职业钻研精神

"开始时，我对业务知识、流程框架肯定是都不懂的，这时就是要多问、多听、多看、多学。碰到复杂单子，不懂我就去问。很多东西不是理所应当的，我要问到能够把自己说服。如果连自己都说服不了，肯定不能说服客户。

人无完人，每个人都有各自的优势和缺点。我也经常会犯错，但我下次就会留心注意。每一次发生问题的时候，我就会多回听录音，看看有哪些点可以做调整。我会不断思考自己有没有什么需要去提高、改进的地方。如果第一次运用某个表达技巧时不熟练，没有关系，表达得多了，就可以熟能生巧，千万不要故步自封。"

职业经验总结：

● 保持存疑精神，问到自己能把自己说服，才能更好地说服客户；

● 不怕犯错，善于思考总结，从问题中看到可提高改进的地方；

● 不足之处多练习，熟能生巧，避免故步自封。

(三) 职业发展机会把握

"我一直在客服这个行业里，从开始入职后，我就想着怎么把这份工作做好。只要你认真去做了，不管在哪个岗位，肯定会有成长和收获。只要你付出努力，发展机会还挺多的，我自己的经历就是这样。

机会来了，不要担心自己做不好，不要怕。认真努力去做每一件事，不断尝试与请教，慢慢累积经验，然后就能了解做好这件事的过程是怎样的。"

职业经验总结：

● 在每个岗位都努力付出，尝试做到最好；

● 不畏惧变化,以开放的心态面对岗位的变化。

不管未来我们是考虑横向发展还是纵向发展,在不同的发展路径上,认真钻研、不断突破的职业精神都是必需的。

随着社会经济的发展,技术不断迭代与创新,客户的需求也在发生变化,客服人的职业发展赛道变得越来越多元化。每个人都面临着职业发展上的不确定性,但我们能做的是尽力做好目前的工作,规划好自己的职业发展赛道,努力提升职业发展必备的各项能力,为随时可能出现的职场机遇做好准备。

参考文献

［1］中国信息协会.2019 年中国客户联络中心行业发展报告［R］.中国信息协会客户联络中心分会,2019 - 10 - 05.

［2］网易七鱼,网易定位,央视市场研究（CTR）.2020 电商客户服务体验报告［EB/R］. https://wenku. baidu. com/view/128e367ace1755270722192e453610661ed95aa1. html, 2020 - 08 - 15.

［3］沃尔特・鲍克,罗斯・J. Q. 欧文斯.如何在大学学习［M］.清浅,译.天津：天津科技出版社,2020.

［4］彼得・C・布朗,亨利・L・罗迪格三世,马克・A. 麦克丹尼尔.认知天性［M］.邓峰,译.北京：中信出版社,2018.

［5］卡罗尔・德韦克.终身成长［M］.楚祎楠,译.南昌：江西人民出版社,2017.

［6］丹尼尔・卡尼曼.思考,快与慢［M］.胡晓姣,李爱民,何梦莹,译.北京：中信出版社,2012.

［7］马歇尔・卢森堡.非暴力沟通［M］.阮胤华,译.北京：华夏出版社,2016.

［8］岸见一郎,古贺史健.被讨厌的勇气［M］.渠海霞,译.北京：机械工业出版社,2015.

［9］莉莎・费德曼・巴瑞特.情绪［M］.周芳芳,黄扬名,译.北京：中信出版集团,2019.

［10］乔纳森·海特.象与骑象人［M］.李静瑶,译.杭州：浙江人民出版社,2012.

［11］朱迪·S·贝克.认知疗法基础与应用［M］.王建平,译.北京：中国轻工业出版社,2013.

［12］罗纳德·B·阿德勒,拉塞尔·F·普罗科特.沟通的艺术［M］.黄素菲,李恩,王敏,译.北京：北京联合出版公司,2017.

［13］芭芭拉·明托.金字塔原理［M］.汪洱,高愉,译.海口：南海出版公司,2019.

［14］西蒙·斯涅克.从"为什么"开始［M］.苏西,译.深圳：海天出版社,2011.

［15］安德斯·艾利克森,罗伯特·普尔.刻意练习［M］.王正林,译.北京：机械工业出版社,2016.

［16］凯利·麦格尼格尔.自控力［M］.王鹏程,译.北京：北京联合出版公司,2016.

［17］吉姆·洛尔,托尼·施瓦茨.精力管理［M］.高向文,译.北京：中国青年出版社,2015.

［18］加布里埃尔·厄廷根.WOOP思维心理学［M］.吴国锦,译.［M］.北京：中国友谊出版公司,2015.